超ど素人がはじめる仮想通貨投資

seiya 著
カリスマ仮想通貨投資家&ブロガー
(株)CoinOtaku 監修

SE
SHOEISHA

仮想通貨って危なくないの？

仮想通貨といえば、最初に思いつくのは「ハッキング」や「バブル崩壊」と言ったネガティブな単語が多いかと思います。実際に、２０１８年はコインチェックでの数百億円にも及ぶハッキング事件にはじまり、２００万円を超えていたビットコインの暴落など市場に悪影響を与えるニュースが頻発していました。

仮想通貨市場の成長性は？

これらの事件は、たしかに仮想通貨は危険だと思わせるには十分な内容かもしれませんが、私はこれから仮想通貨市場が大きく発展すると思っています。

というのも、同じようなバブルはインターネットが発達するときにも起こっていたからです。今や世界を変える大手ＩＴ企業となったグーグルやアマゾンは、２０００年にはじけたドットコムバブルと呼ばれる暴落を経験しています。アマゾンの株価は１９９９年に１００ドルを超えていましたが、バブルがはじけて価格が下がっていき、２００１年には約６ドルにまで暴落しました。そのような**バブルの後で発展してきたＩＴ産業のチャート（ＮＡＳＤＡＱチャート）と仮想通貨市場のチャートは、かたちがよく似ています**。ドットコムバブルが弾けたのと同じように、仮想通貨市場も大きく暴落しました。しかし、バブル崩壊後も数多くの大企業が参入していることから高い将来性があると考えられます。そしてＩＴ産業と同じように、今後大きく価格を上げる可能性を秘めているとも言えるでしょう。

比較的安い価格で仮想通貨を入手できる今こそが、仮想通貨投資をはじめるチャンスだと私は思います。

仮想通貨市場の発展

仮想通貨の発達と
インターネットの発達の共通点

- 暴落を経験している!
- NASDAQ チャートとビットコインのチャートはかたちもよく似ている!

大企業が続々参入!

たった100円からでもはじめられる！

近年、世間を賑わせている仮想通貨ですが、聞こえてくるのは「ビットコインが最高値を更新」「ビットコインバブルは崩壊！」などといった、価格のことばかりかと思います。実際、「ビットコインが何万円を超えた！」「何万円を割り込んだ」などのニュースはよく報道されますよね。

このような話からビットコインや仮想通貨について知った方は、「ビットコインって1枚何十万円もするんだ。買ってみたいけどそんなお金準備できないな……」という先入観にとらわれてしまって、仮想通貨投資に興味があってもやめてしまう人もいるかもしれません。しかし、これは大きな勘違いで、実は100円からでもビットコインなどの仮想通貨は購入が可能なのです。

購入単位は1ビットコインではない

基本的に、ビットコインは0・00000001ビットコイン（小数点以下8桁）から購入できます。仮に1ビットコインが100万なら0・1ビットコインは10万円で買えます。ただし、取引所（仮想通貨交換業者）で最低購入金額を0・0001ビットコインに設定しているところが多いため、現実的には100円あたりを最低限必要な金額として考えてください。

つまり、いきなり何十万円も投資して1ビットコインを購入する必要はありません。まずは少額からはじめてみましょう。実際、投資をはじめたばかりの頃は慣れないことも多いので損をしてしまう可能性もあります。なので、少額からはじめられる仮想通貨投資は初心者にとって都合がいい投資手段と言えるでしょう。

仮想通貨は少額からはじめられる!

**ビットコイン1枚=100万円ならば……
小数点8桁まで分割できるので、**

100万円×0.00000001=0.01円

↓

理論的には、たった1円でも購入できる*

**ただし、取引所ごとに最低購入量が
決まっている!**

GMOコイン → 0.0001BTC
(ビットコイン1枚100万円のときなら、100円から購入可能)

DMM Bitcoin → 0.001BTC
(ビットコイン1枚100万円のときなら、1,000円から購入可能)

BITPOINT → 0.0001BTC
(ビットコイン1枚100万円のときなら、100円から購入可能)

100円あれば
購入できる!

*ただし、ビットコインのルールとして、最低購入枚数は、0.00000546ビットコインからと決まっている

仮想通貨は成長市場でチャンスがたくさんある

株・FX・不動産投資など、誰でも知っていて歴史のある投資商品にはすでに企業が投資家として参入しており、個人投資家が相場で勝つことは難しいのが現実です。

それに比べて**仮想通貨は発展途上にあり、基本的な投資方法だけでも勝てるチャンスが多く眠っています。**

学生や20代の億り人を生み出した仮想通貨

2017年3月頃から仮想通貨市場は急速な成長を見せ、多くの投資初心者が1億円以上の資金を手にし、「億り人」と呼ばれる存在があちらこちらで生まれました。

この億り人は20代の若者も多く、中には学生の方もいました。

今後の成長も期待できる仮想通貨市場

このように、仮想通貨は、知識が浅い初心者でも仮想通貨を持っていたらお金持ちになっていた、という人を多く生み出しつつ、楽天やヤフーなどのような大手企業の参入も続き、投資商品として今後も成長が期待されているのです。また、政府によりルールの整備が日々進んでおり、取引所ではセキュリティの精度を高め、被害に遭ったときの対策も進めています。将来、環境整備が進んでいくことを考えると、さらに成長が見込める市場でしょう。

実際にビットコインは誕生した2009年時点で約0・07円*でしたが、2019年に約40万円となり、570万倍という成長を遂げています。

一度大きな暴落を挟んでいるとはいえ、仮想通貨は再び価格が上昇する可能性を秘めている投資商品なのです。

＊出典:Bitcoin日本語情報サイト
https://jpbitcoin.com/about/history_price

仮想通貨は投資初心者でも勝てる!

ビットコインは2009年時点で約0.07円

↓

2019年時点で40万円を記録!

まだまだ先行者利益が狙える！

まだ国内購入者は少ない

2018年の4月に行われた調査*では、日本人の開設している仮想通貨の口座数は約160万ほどでした。つまり、日本国民のうちだいたい1％程度の人のみが実際に口座を開設して取引を行っていることになります。

今後、より購入者が増えるようであれば、仮想通貨の価格が上昇する確率は高いでしょう。実際に、CMなどの効果で新規口座開設者数が急激に増えた2017年の終わりから2018年のはじめにかけて価格が上昇しました。仮想通貨は、特に口座開設者数の影響が大きい投資対象なのです。

注目が集まるETFへの参入可能性

すでに先物市場に上場を果たしており、投資対象としてもビットコインは認可されています。今後、ETF（上場投資信託）に承認される可能性も示唆されており、これが実現すれば世界的に新規参入者が増加し、ビットコインの価格は破格的に上昇することでしょう。現に、2017年5月から投資をはじめた私は当時の平均年収の50倍以上の利益を出しており、今後もこの市場は伸び続けると思っています。

本書を読んでいるあなたはチャンスをつかむ寸前です。ここで仮想通貨投資をはじめることで実際に保有している数％に加われますから、後は勝手に市場が成長するのを待っているだけでも儲かる可能性が高いわけです。先行者利益を享受できる市場はなかなか出会えるものではないので、これを機に仮想通貨投資に挑戦してみてはいかがでしょうか。

*出所：「仮想通貨取引についての現状報告」（一般社団法人日本仮想通貨交換業協会）
https://www.fsa.go.jp/news/30/singi/20180410-3.pdf

実は、まだまだ仮想通貨の投資家は少ない!

日本の仮想通貨の口座開設数は
人口の約1%程度

↓

まだまだ増える余地がある!

ビットコインのETFがはじまるとどうなる?

株式の売買と同じように証券会社を通じて、
金融商品として取引できる

↓

・大きな資金を動かす機関投資家の参入が予想される!
・個人投資家もさらに参入しやすくなる!

24時間いつでも取引可能

仮想通貨の取引は平日の朝9時から午後3時までしか取引ができない株とは違い、取引時間の制限がありません。ＦＸも銀行が休みの土日は取引ができないケースが多いですが、ほとんどの仮想通貨の取引は24時間いつでも、好きな時間にすることが可能なのです。

土日休みの会社員でも好きな時間に投資できる

自分の好きな時に取引ができるということは、「時間のある土日にこそ取引をしたい！」という方に非常にマッチしていますし、仕事のお昼休み時間で取引することもできてしまいます。

好きな時間に取引できて、取引制限がないという環境は、資産を増やすのに非常に向いています。

時間指定をされた環境下で取引をすると、時間に縛られてしまい自由がなく、相場が不調な状態でも焦って取引をしようとしてしまうからです。

例えば、会社員がすぐに買いたいと思った株式があったら、予想した価格で予約して朝一で買うか、お昼休みを待たなくてはなりません。また、お昼休み終了前につい焦って割高で買ってしまい損をする……といった失敗もなくなります。

その点、仮想通貨は時間に縛られませんから、「割安だな」「将来性のある通貨だ」などと思ったタイミングで取引ができるので、より良い成果を導きやすいと私は感じています。

専業トレーダーでもない限り、仕事をしながら株のデイトレードをするのは大変ですし、いざ休みの土日は取引ができない。そんな、時間に縛られたストレスを感じることなく、仮想通貨は取引をすることができます。

ライフスタイルに合わせて投資を楽しめる!

株の場合

・平日の午後3時を過ぎると取引できない……
・土日も取引不可

FXの場合

・基本的に、土日は取引ができない

仮想通貨の場合

・24時間365日いつでも取引可能!!

朝
昼
夜
朝に価格をチェックしておこう
家事の合間に取引できる
仕事が終わってからでも市場が開いている

超ど素人がはじめる仮想通貨投資　［目次］

巻頭特集

仮想通貨投資の魅力とは？

第1章

そもそも仮想通貨って何？

第2章 仮想通貨を買ってみよう

第3章 仮想通貨投資の基本を知ろう

第4章 仮想通貨を安全に管理しよう

第5章 仮想通貨のチャートは最低限読めればOK

contents

第6章 se-ya直伝！ さらに儲かるコインとテクニック

はじめに

はじめまして、ｓｅｉｙａです。

私が２０１７年5月に仮想通貨の投資を始めた当時はまだニッチな世界で、このような初心者向けの書籍もブログもほとんどありませんでした。そこで、初心者の方が困らずに投資をできるように発信をしようと思い、「いますぐ始める仮想通貨」というブログを立ち上げました。

投資は未経験でしたが、仮想通貨の仕組みとトレードの面白さに魅了され、毎日仮想通貨のことばかりを考えていたのを覚えています。

本書には、私がブログやSNSを通して発信してきたことの中でも、特に伝えたいことを詰め込みました。

仮想通貨は２０１７年12月から２０１８年1月にかけてバブルが発生し、多くの億り人を生み出しましたが、その後に起きたコインチェックのハッキング事件により、基軸通貨であるビットコインの価格も、最高値から２００万円近く下落し、世間の仮想通貨に対する印象も悪くなっていきました。

しかし、それでも株やFXに比べると、仮想通貨は少ない資金でお金を稼げるチャンスが一番あると私は思っています。その理由と基本的な稼ぎ方は本書に記しましたので、読み込んでから投資にチャレンジしてください。

また、政府では暗号資産として呼称を変更する方針が出されていますが、本書では「仮想通貨」という日本でなじみのある呼称で統一しています。

本書を読んで、売買を一通りスムーズにできるようになり、もっと仮想通貨について知りたいと思われた方は、「いますぐ始める仮想通貨」にアクセスしてみてくださいね。現在は本書監修の（株）CoinOtakuがブログの運営をしていますが、「初心者の方が困らずに投資をできるようにする」というコンセプトは変わっていません。

本書とブログが、あなたの一助になれれば幸いです。

会員特典データのご案内

本書の読者の皆さんに仮想通貨投資の参考になる特典を差し上げています*。詳細については、以下の提供サイトをご覧ください。

提供サイト

https://www.shoeisha.co.jp/book/present/9784798156378

＊会員特典データのダウンロードには、SHOEISHA iD（翔泳社が運営する無料の会員制度）への会員登録が必要です。
＊会員特典データに関する権利は著者および株式会社翔泳社が所有しています。
＊会員特典データの提供は予告なく終了することがあります。あらかじめご了承ください。

CHAPTER 1

第1章

そもそも仮想通貨って何?

01

ビットコインと仮想通貨は何が違うの？

仮想通貨の中にビットコインがある

テレビや新聞といったメディアで、ビットコインの他に仮想通貨という言葉もよく耳にするようになってきました。ビットコインは、仮想通貨という通貨の種類の1つです。仮想通貨の中で最も有名な通貨がビットコインであり、ビットコイン以外の仮想通貨も存在します。正確には、**仮想通貨市場の中でビットコインが影響力の大半を占めている**、ということになります。

仮想通貨は現時点でビットコインの他に千数種類存在しており、ビットコイン以外の仮想通貨はアルトコインと呼ばれています（アルトコインとは、Alternative Coinの略称で直訳すると代替コインという意味です）。ビットコインは仮想通貨の中でも最も大きな時価総額を保持しており、仮想通貨市場全体の40％近くを占めています。

アルトコインについては最終章で詳しく解説していきますので、まずは**仮想通貨の中にビットコインとビットコイン以外のアルトコインがある**ということを覚えていただければ大丈夫です。

2017年にビットコインは、法定通貨のイギリスポンドなどを抜いて世界に流通する通貨の中でも6位になりました*。将来的に価格が上昇していくと、日本円を抜く可能性もあるのです。

もちろん、今後価格が落ちていって影響力が若干下がる可能性はあります。しかし、それでも国家の支えのない通貨がこれほどまでに影響力を持つということは今までの歴史でなかった重要な出来事と言えるでしょう。

＊出典:
https://bittimes.net/news/4161.html

仮想通貨って何?

Point

ビットコインは仮想通貨の一種だ

02 ビットコインの仕組み

ビットコインが開発された理由とは？

ビットコインのシステムは米ドルや日本円などの法定通貨（Ｆｉａｔ）を信頼できない人たちにより、１９９０年代に一度考案されていましたが、すぐにバブル景気になったために進行しませんでした。

仮想通貨の仕組み

しかし、その後起きたリーマンショックの際にビットコインのシステムが再度見直され、ナカモトサトシ（Satoshi Nakamoto）により実現することになりました。**銀行のような管理者を置かずに、皆でコインを管理するシステムであるブロックチェーンを作った**のです。

「送金したとき・されたときの履歴を有志の方々が通帳記帳のように記録してくれたら、報酬がビットコインで出る」というようなシステムで、ビットコインは管理者のいない通貨として、世界から信頼を得て価値を上げていくことになります。

ビットコインのシステムは、暗号化された署名を添えて送信することで偽造ができないようになっています。

また、送金したり受け取ったりする際には、取引記録がブロックチェーンという台帳に必ず記録され、改ざんすることができません。このシステムへの信頼度の高さから、ビットコインは注目されているのです。

仮想通貨全体も同じような思想からシステムが設計されています。多くの開発者は、管理者がいなくても成立するようなシステムを作るという〝非中央集権〟を重要視しています。非中央集権には、従来よりも低コストで速い取引を実現できるというメリットがあります。

ブロックチェーンとは？

みんなで管理する仕組み

改ざんできない仕組み

Point

ブロックチェーンの技術を使った仮想通貨は、改ざんされづらい！

03 仮想通貨は何がすごいの？

仮想通貨は資産の避難先にもなる

前項で説明した通り、仮想通貨は管理者のない通貨ですが、偽造ができないようになっています。このように、台帳に必ず記帳され、改ざんも不可能なシステムですから、個人間のやりとりでも安心して使用することができます。銀行のような管理者がいないので、個人が送金などの手続きを好きなときに行えます。つまり、**24時間365日お金を送金することが可能です**。

これは国際送金などにも役に立ちますので、世界から非常に注目を浴びることとなりました。

また、仮想通貨は国が一切関与しておらず、**管理者がいないので為替のような基準のレートも存在しません**。つまり、どの国であろうと政府によるインフレ政策などの影響を受けにくいので、法定通貨を信頼できない人たちの避難先として購入されることが増えています。実際に財政難が深刻化することが問題になっていたジンバブエでは、他国に比べてビットコイン価格が非常に高くなっていました。

また、仮想通貨市場の時価総額が急激に増加した出来事として、キプロスで財政危機が発生したことが挙げられます。もともとキプロス自体が資産家の財産の逃避先として使われており、そのお金がキプロスからビットコインや仮想通貨に流れ込むというかたちで高騰しました。つまり、国の通貨を信頼できない人からの需要が高まる傾向は、顕著に価格に表れるようになっているということです。仮想通貨は技術的にも、法定通貨の避難先としても優れた点のある新しい通貨なのです。

法定通貨と仮想通貨の違い

法定通貨

- 国がお金を発行し、中央管理者が取引を管理
- 通貨の価値は国の信用で決まる
- 実体がある

仮想通貨

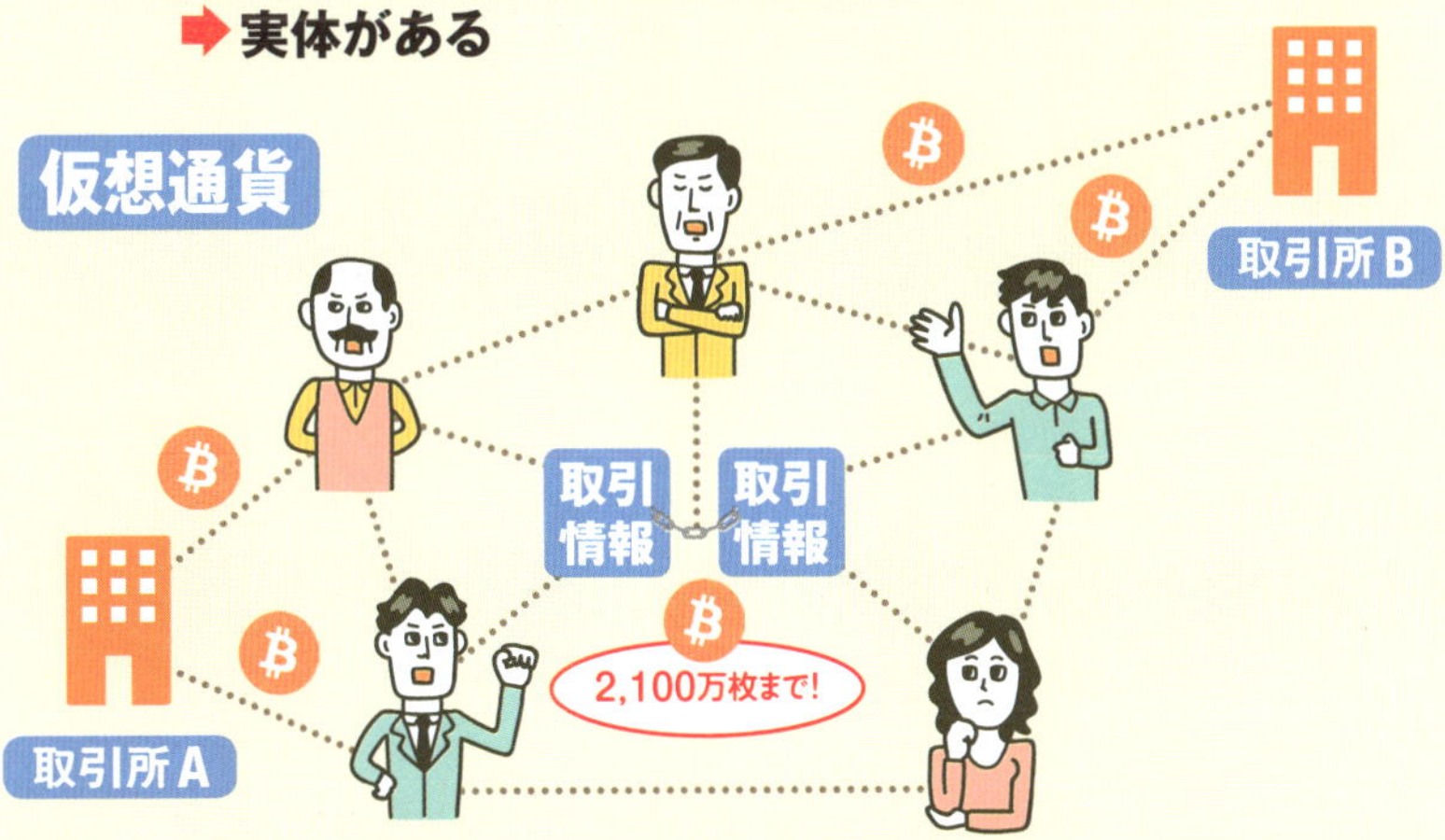

- 発行枚数に上限がある通貨がほとんど
- 所有者で管理し合う
（通貨の価値はブロックチェーン技術で決まる）
- 実態がない

Point

仮想通貨は仕組み上、
国の影響を受けづらい！

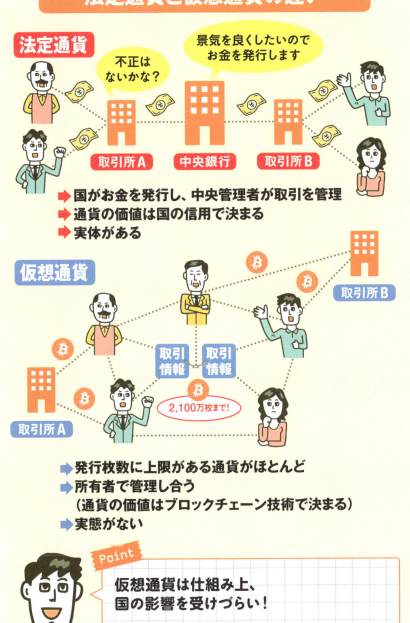

04 社会の仕組みを変える！ビットコイン2.0とは？

ビットコインの持つブロックチェーン技術は革命的です。この技術を応用し、通貨としてだけではない機能を持たせることで、現存する手順を省略できるようになりました。

契約をスムーズにするスマートコントラクト

代表的な例として、送金と同時に契約内容を保存する機能「スマートコントラクト」があります。通貨を送金すると同時に、取引した相手及び本人の情報と、取引した年月日がブロックチェーンに刻まれます。これにより、現在の印鑑での契約や銀行での振込などの手続きでの手間がなくなり、**契約に関しての効率化が図れます**。

ビットコイン2・0とは？

このような、**台帳として利用されているブロックチェーンシステムを応用した機能をビットコイン2・0と呼んでいます**。ビットコインの持つブロックチェーン技術は、現存する社会のシステムを根底から変えるレベルと言えるでしょう。

また、イーサリアムやネオといった仮想通貨は、単なる決済手段として使うだけではなく、そのプラットフォーム上に契約などを記録することができます。例えば、管理者がいない状態でギャンブルを行うためのプラットフォームを作成することが可能です。実際、**オーガー**という仮想通貨はそのような思想を実現するために開発されており、ユーザーは自由に賭け事を設定し、胴元がいないため手数料が極めて少ないというプラットフォームになっています。

このように、近年では多種多様な仮想通貨が開発されているのです。

ビットコイン2.0とは？

ビットコイン2.0……………ブロックチェーン技術を通貨以外の目的で活用すること

スマートコントラクト………プログラムによる自動的な契約

スマートコントラクトの例

これまでの不動産契約

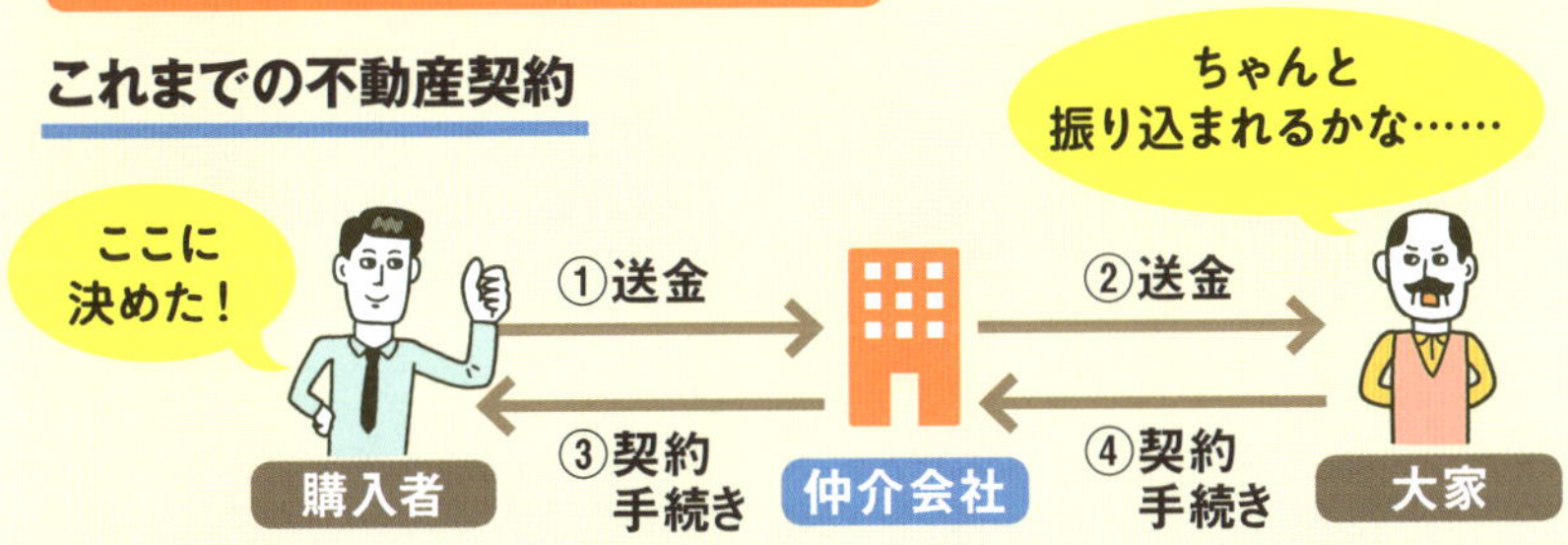

ちゃんと振り込まれるかな……
ここに決めた！
①送金
②送金
③契約手続き
④契約手続き
購入者
仲介会社
大家

スマートコントラクトによる不動産契約

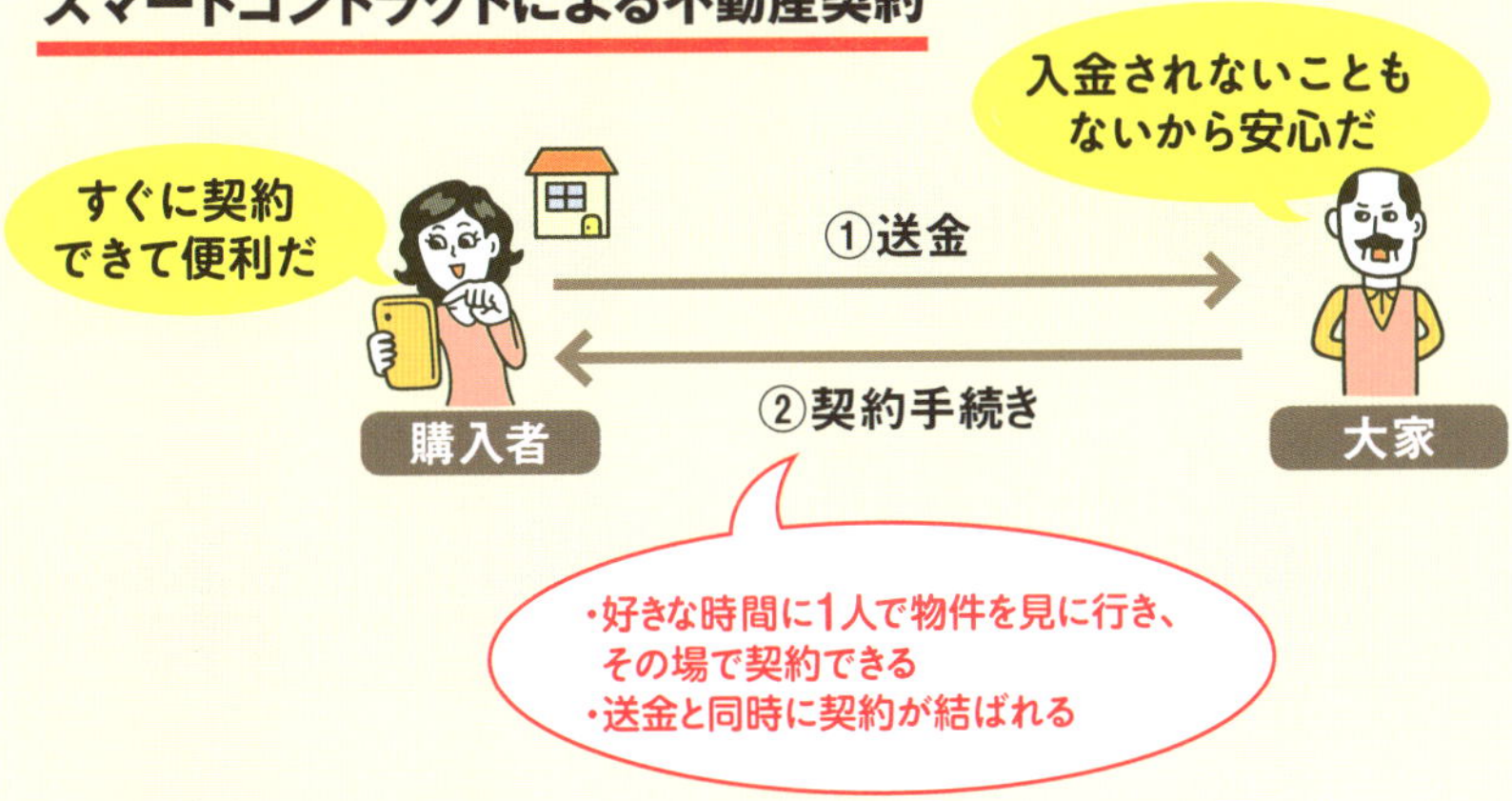

入金されないこともないから安心だ
すぐに契約できて便利だ
①送金
②契約手続き
購入者
大家
・好きな時間に1人で物件を見に行き、その場で契約できる
・送金と同時に契約が結ばれる

Point

ビットコイン2.0によって契約を自動化でき、コストや時間を削減できる

05

電子マネーとは何が違うの？

第三者への送金が簡単

仮想通貨と電子マネーは決定的に違う部分が1つあります。

一般的に電子マネーと呼ばれているものとは、クレジットカード決済、デビットカード、Suica、nanaco、WAONなどのオンライン決済のことを指します。オンライン決済は、紙幣や硬貨を使用せず、電子的に決済を行います。電子マネーは中央銀行（日本は日本銀行）が発行した円やドルなどの紙幣・貨幣が基準であるということが大前提で、事前に預けたりチャージしたりしたお金で、電子的に精算するシステムです。**電子マネーは決済手段であって、お金をチャージしていても第三者へ送金することはできません。**チャージされたお金を個人間で移動させようと思ったときには、最終的に発行元に対して換金を申請する必要があります。

電子マネーとは、あくまで貨幣を使わないで決済できるようにする仕組みのことで、送金可能な仮想通貨とは決定的に異なります。ビットコイン＝電子マネーではありません。

価値に変動がある

また、電子マネーが円という通貨と連動した価値を持って流通しているのに対して、**仮想通貨は円と連動せず、レートが需要と供給で決まっている**というのも特徴の1つです。

だからこそ、持っていると大きく価値が向上することもある一方、反対に下がる可能性もあります。円と電子マネーの価値は同一ですが、仮想通貨は将来的に需要が高まれば高まるほど、価格が上がっていくということです。

電子マネーと仮想通貨の違い

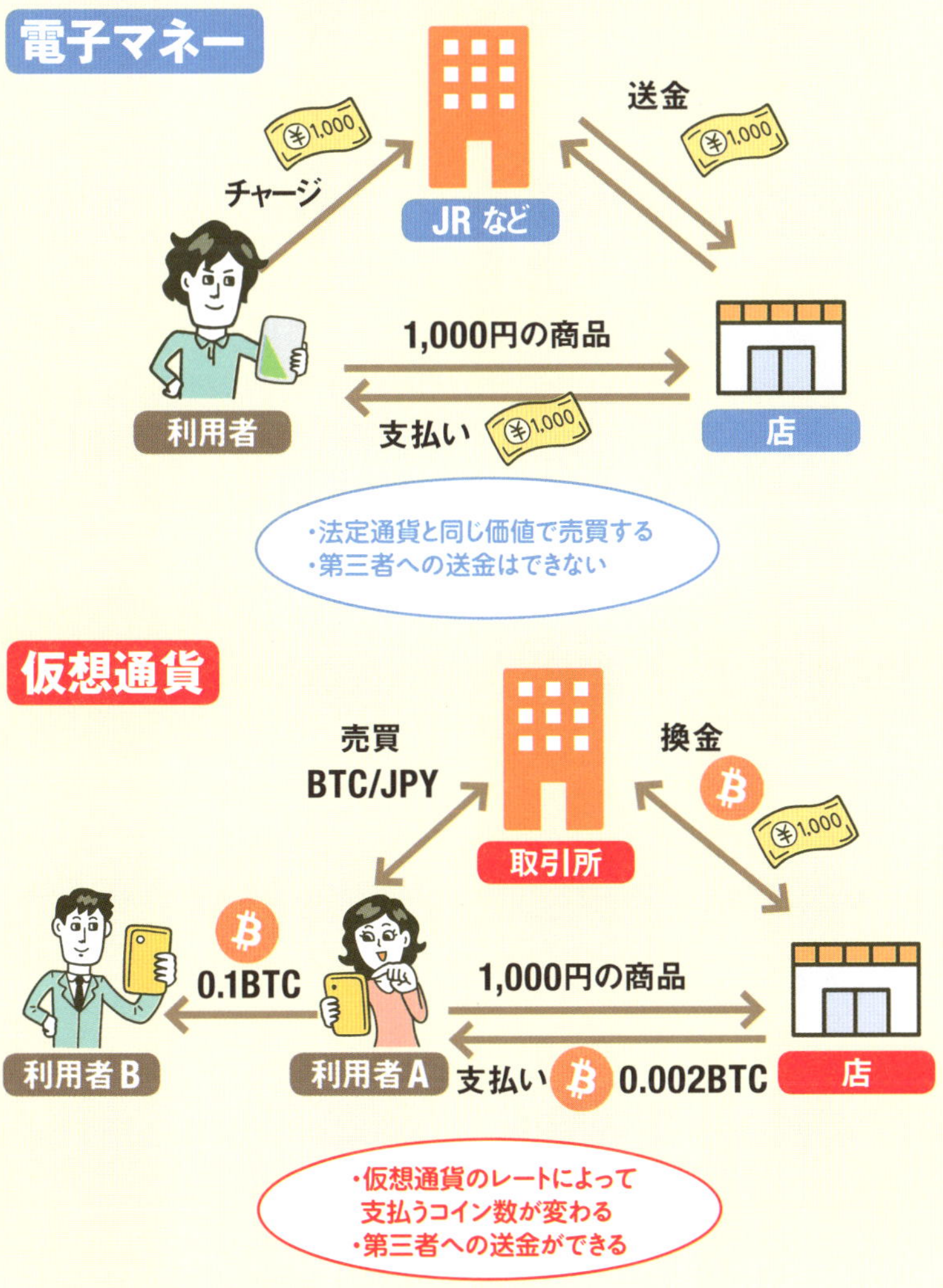

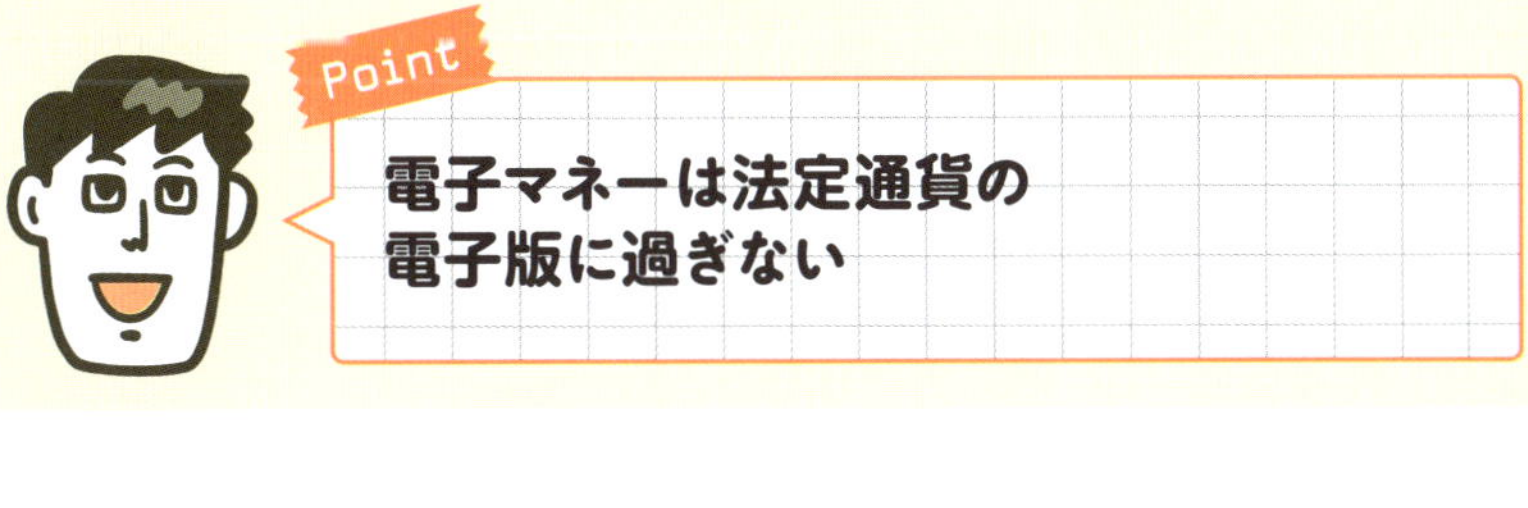

06 決済に使える店舗も増加している

仮想通貨市場が成長するのに合わせて、**仮想通貨で買い物ができる店舗も増えてきています**。一般的に、クレジットカードに比べて仮想通貨は企業の負担する**決済手数料が安いので企業にメリットがあります**。大手家電量販店のビックカメラでは、全店でビットコイン決済が可能になりました。また、秋葉原のソフマップ全店舗やその他一部の飲食店などでもビットコイン決済が導入され、ニュースなどでも大々的に取り上げられました。

このように、もともとはインターネット上で生み出された仮想通貨が、今や私たちの日常に溶け込みはじめています。

今後は全国的に利用されているレジシステムのPOSでもビットコインの支払いを受け付けることが発表されており、企業でのビットコイン決済の導入が進むでしょう。ビットコインで物を買うことが当たり前になる世界も間近に迫っていると言っても過言ではありません。もちろん、徐々に広がっていくというスピード感だと思いますし、ビットコインではなく他の仮想通貨での決済がメジャーになる可能性も十分にあります。

ビットコインを使用するにはウォレットが必要

ビットコイン決済をするためには、専用のウォレット（財布）のアプリをスマートフォンにダウンロードし、その**ウォレットにビットコインを入れておかなければならない**ため、現段階ではクレジットカード決済に比べて不便であることは否めません。

この点を解消することができれば、今後のさらなる普及につながると私は感じています。

仮想通貨を使うには?

①仮想通貨の購入

②ウォレットに仮想通貨を入れる

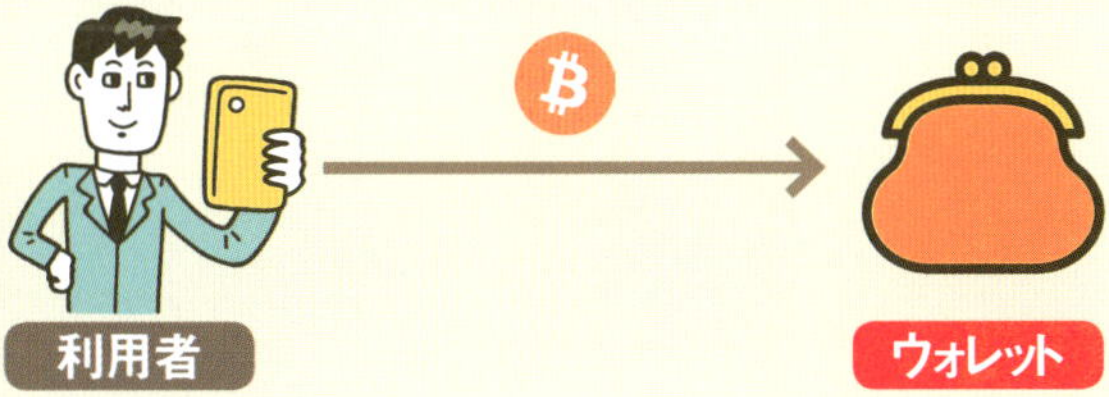

③ウォレットから店に支払う

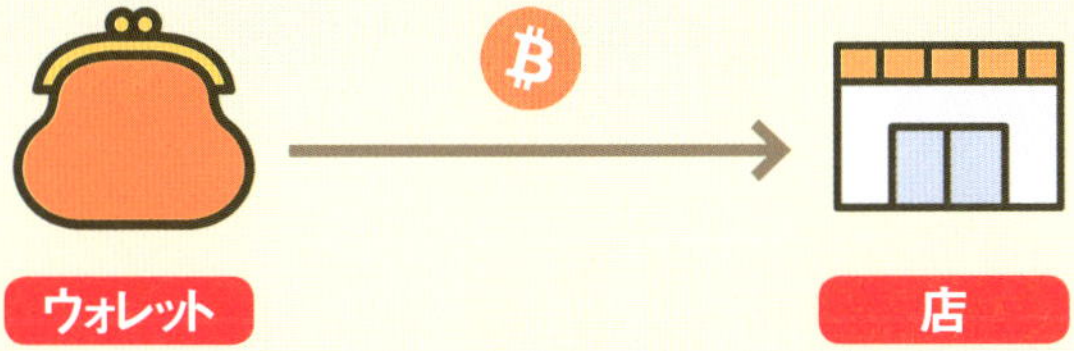

日本で使える主な仮想通貨

ビットコイン、イーサリアム、ネム、モナコイン

Point

仮想通貨が使える店は続々と増えている!

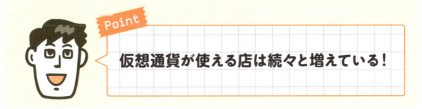

07 仮想通貨の価格ってまだ上がるの？

「ビットコインはバブルの再来だ」と多くの金融プロフェッショナルの方が発言しています。1600年代に起きたオランダのチューリップバブルと照らし合わせて、異常な価格がついているという考えから、ビットコインも同じく崩壊するだろうと予想する方もいます。

バブルという言葉は、物や商品の本来の価値を大幅に超えた価格で取引されていることを指しています。では、ビットコインが持つべき本来の価格とは一体いくらなのでしょうか？ ビットコインは国が発行している通貨ではなく、管理者もいない上に価格基準すら存在していません。

ですから、現時点でビットコインがバブルなのかということに関して正確な判断を下すことができる人は1人もいません。

貨幣の歴史を動かすほどの技術に値がついている

私は仮想通貨市場の適切な時価総額やビットコインの適正価格がいくらなのかについては定義できませんが、管理者がいない仮想通貨のシステムと、ビットコインが持つブロックチェーンに関して言えば、現存する貨幣及び貨幣の歴史そのものに影響を及ぼす技術だと確信しています。

ただの**チューリップの球根に異常な価格がついた歴史とは違い、仮想通貨が持つシステムには歴史を動かすほどの価値がある**はずです。仮に価格が崩壊するとしても、仮想通貨はオランダ一国ではなく世界中で購入されていますし、仮想通貨の思想を支持する方も多いのです。

この観点から、バブルという一言にまとめられる事象ではないと私は感じています。

仮想通貨はバブルなのか?

チューリップバブルとは?

16世紀のオランダでは、貴族たちの間でチューリップが家と同等の価格で取引されていた。しかしある日突然、チューリップの価格が暴落

仮想通貨市場はどうなる?

➡ ブロックチェーンシステムに値がついている

➡ 世界中で購入されている

Point

チューリップと違い、仮想通貨には高価格がつく価値がきちんとある

08

仮想通貨を持つメリットって？

仮想通貨は、大手企業の参入があり、市場規模の成長も著しいですから、**持っているだけで資産価値が増えていく可能性が高い**ということが大きなメリットでしょう。例えば、上限2100万枚と決まっているビットコインが世界的に買われるということは、ビットコイン1枚が持つ価値は相対的に増加することになります。

円やドル、仮想通貨に分散して資産を守る

円だけではなく、ドルなどの他国の通貨や金などに資産を分散することに合わせて、いくつかの仮想通貨を保有しておくことで、資産を守りつつ増加させることができます。

また、ジンバブエのようにハイパーインフレが起き、自国の通貨の信頼度が大幅に下落して価値が下がったとしても、仮想通貨をドルなど他国の通貨と交換することが可能です。この先万が一、日本でハイパーインフレが起き、日本円の価値が大幅な減少を起こした場合に備えて仮想通貨を保有しておけば、自らの資産を守ることができるでしょう。

ビットコインなどの仮想通貨自体の価格が下落し、資産として価値が減ることもありますので、あくまで**分散投資の1つとして保有しておくことを推奨します**。

仮想通貨は値動き*が激しいことから、**短期的な売買で大きく稼ぐことも可能**で、こちらにメリットを感じて投資をしている方も多くいます。私は短期的な売買でビットコインを増加させ、株や金などの資産に少しずつ分散をはじめています。本書では具体的に投資で気をつけるべきポイントは3章で解説していきます。

＊値動き……価格の推移

仮想通貨の賢い保有の仕方

分散投資で資産を守る

物価が上昇すると…… → **実質的に円の価格は下がる**

りんご
150円
りんご
200円

前より多く
払わないと
いけないのか

● そこで、円だけではなく、さまざまな資産に分散してリスクを回避

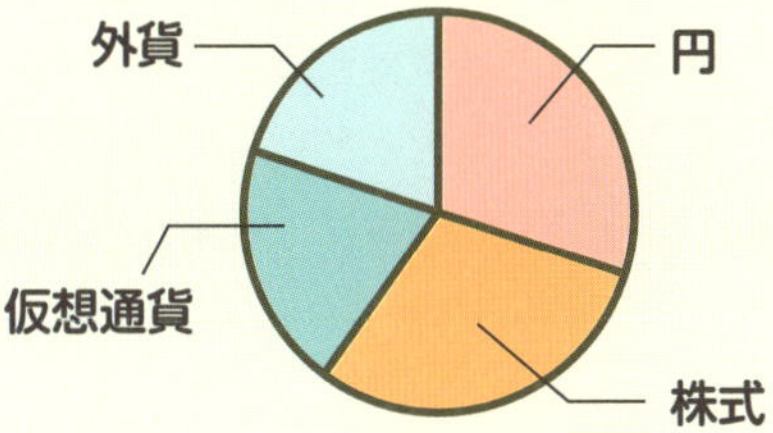
外貨
円
仮想通貨
株式

少ない元手と短い期間で儲けを出す

仮想通貨は価格変動が大きい

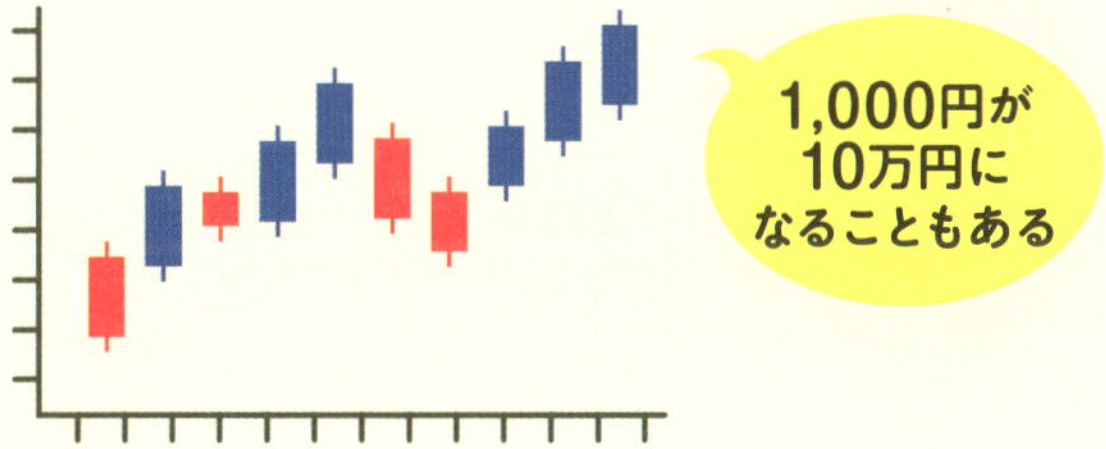
1,000円が
10万円に
なることもある

Point

分散投資をしながら増やすのがオススメ！

COLUMN

「休むも相場」

トレードは「売るべきか買うべきかを考えて、実行するものだ」と考えている人は多いですが、実際にはその2択ではありません。「休むも相場」という格言があるように、買う、売る、何もしない、の3択の中からトレード戦略を立てる必要があるのです。

これだけ聞くと当たり前じゃないか、と思うかもしれません。ただ、人間は欲望を持った生き物だということをトレード中に意識することは意外と難しいものです。もし相場の利益が上がっていれば、「もっと利益を取ってやろう」という気持ちになり、もし損をしてしまえば「今度は取り返してやろう」という気持ちが湧いてくるものなのです。

このような欲に負けて売買をしてしまうと、あまり勝算が高くないときもトレードをしてしまうことになるのです。例えば、もう少し価格が下がってから買おうと思っていたのに、待ちきれずに高値で買ってしまったり、反対に希望価格まで下がるのを待ちきれずに売ってしまった後に値段が上がってしまったりすることはよくあります。

そのような失敗をしないために、「トレードにはいつでも参加できる」ということを心に留めておきましょう。特に次のようなときは、無理に取引をする必要はありません。

・自分が損や得をして冷静な判断ができていないとき
・相場の動きが難しくて予想を立てづらいとき

同じようなチャンスは、自分がトレードを辞めてしまわない限り、またいつか訪れるはずだからです。「休むも相場」という格言を思い出して、余裕を持ったトレードを行いましょう。

CHAPTER 2

第2章

仮想通貨を買ってみよう

01 仮想通貨を買うには？

口座開設から購入までの流れは株やFXよりも簡単

仮想通貨を買うには、株やFXと同じように取引所での口座開設が必要です。ただし、株やFXと違って、印鑑の用意や資料を郵送する手間なども特にありません。

では、実際に口座開設をしてみましょう。どの取引所でも構いませんが、ここではGMOコインで解説します。公式サイトにアクセスしてメールアドレスを登録します。そうすると、アドレス宛にメールが送られてきますので、URLをクリックします。ここでパスワードの設定を求められますので、厳重なものを設定しましょう。例えば、数字とアルファベットが両方用いられている10桁以上のパスワードが望ましいと思います。取引所には資産を置くことになるため、特定されやすいパスワードでは、資産を全て盗まれてしまうケースもあるので注意してください。

次に個人情報の入力です。パスポートや免許証のような身分証明書の画像をアップロードし、登録します。その後、取引所から届いたハガキを受け取って（数日で届きます）インターネット上で本人確認すれば、クレジットカード、コンビニ、ATM、銀行振込などを使い、日本円を入金して仮想通貨を買うことができます。口座開設から購入までかかる時間は早い取引所なら1週間以内、平均1、2週間ほどですぐに買うことが可能です。仮想通貨投資は書類の郵送などは不要で、手元に身分証明書さえあれば、いつでも簡単にはじめることができます。株やFXははじめるのに少し手間があるかもしれませんが、仮想通貨投資は気軽にできるのでオススメです。

口座開設から入金までの流れ

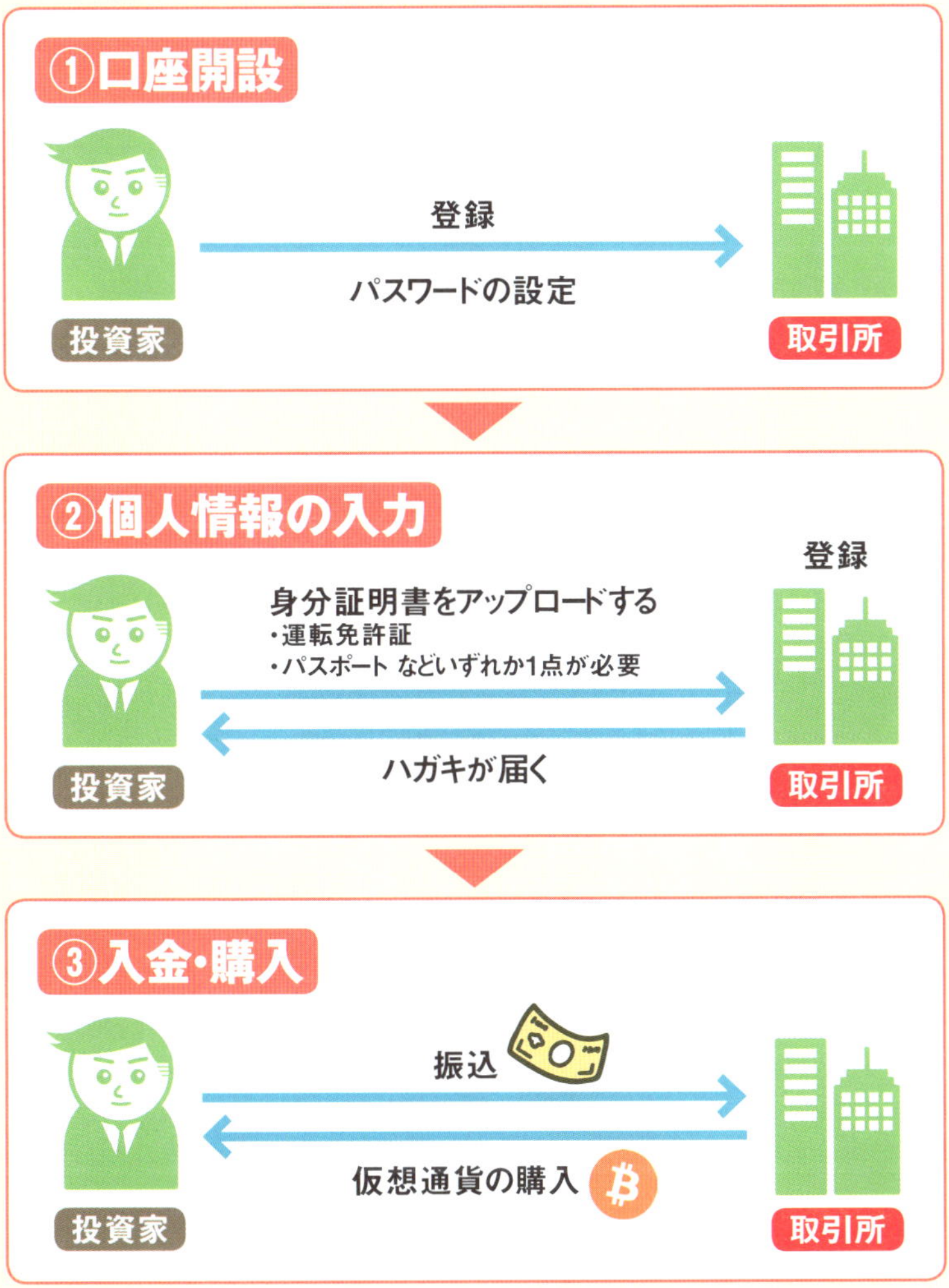

Point

パスワードは特定されにくい
10桁以上のものを設定しよう

02 最初は、いくらからはじめればいいの？

慣れるまでは数千円での投資をしよう

仮想通貨投資をはじめるには、いくらくらいの資金で行えばいいか気になる人は多いかと思います。開始資金についてはさまざまな意見があるのですが、私個人の経験から言うと、最初の1か月は数千円程度で練習すべきだと思います。投資で失敗する人の大半は、最初に慣れずに取引を何度もしてしまい、結果として資産をなくしてしまうことが多いのです。そのリスクを避けるために、少額投資を行うことをオススメします。

しばらくして慣れてきたと思ったら、なくなっても困らない程度の額を投資していくといいと思います。目安としては、**年収の5%程度の投資額が適切な量だとされています**。よほど自信を持てるまでは、なくなっても生活がいきなり激変することがないような金額ですることが何よりも大切です。また、最悪の場合を想定して一度に失う額がどれくらいになってしまうかを常に把握しておき、投資した後もチェックするのを忘れないようにしましょう。

また、多くの取引所では100円ほどでも仮想通貨を買って投資を行うことができますので、大きな資産がなくても早めにはじめて、仮想通貨の価格の動きや取引する際の手順に慣れておくのが良いと思います。

コツコツ増やすなら積立投資

また、積立投資という方法もありますので、毎月1万円を仮想通貨に交換していってコツコツ投資するということもできます。その分手数料がかかるなどのデメリットもありますが、貯金の代わりに積立投資をしてみるのも1つの手です。

投資額の設定

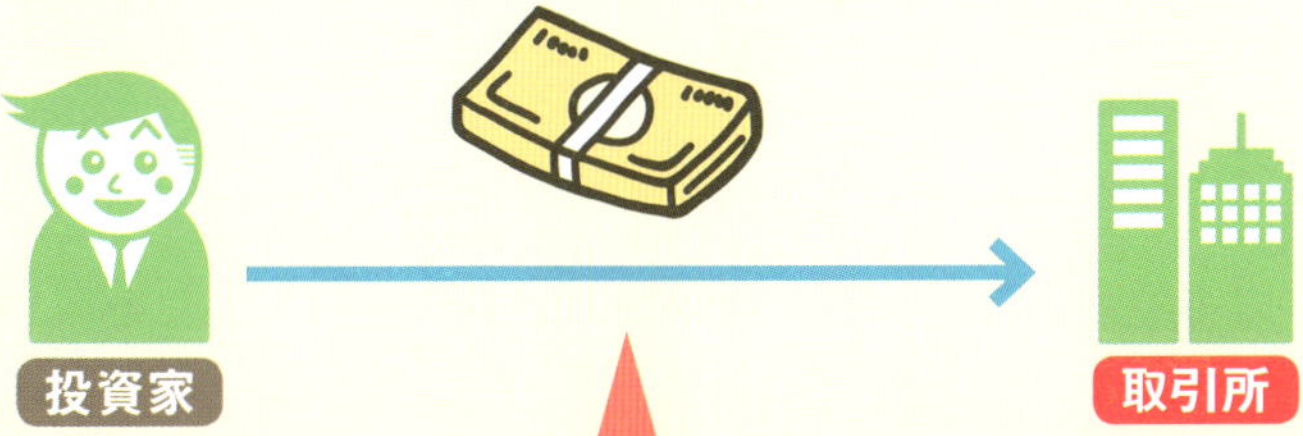
投資家
取引所

投資額の目安は年収の5%!

年収500万円の場合…

$$500 \times 5\% = 25万円$$

年間の投資額の目安

毎月投資するなら、
2万円くらいだね

Point

慣れるまでは少額で投資しよう

03

仮想通貨で儲ける流れは大きく2つある

いつ利益を出したい？

　仮想通貨投資の流れは非常にシンプルです。**どのような目的で仮想通貨を買うかによって、投資の方法が変わってきます**。例えば、今すぐに利益を出したい人もいれば、長期で保有して時期を見定めて利益を出したい人もいます。短期的なトレードで利益を出していくのであれば、特に値動きに注目しなければなりません。一方、長期的な購入であれば、保有し続けるだけという手段もあります。仮想通貨の市場が成長していくにつれて、保有している仮想通貨の価格が上がるので、利益を上げることができます。

2つの投資パターンを組み合わせる

　つまり、大まかな流れでは、次の2つの投資パターンがあります。まず、「取引所に登録→日本円の入金→仮想通貨の購入」まではどちらのパターンも一緒です。その後、短期的な売買によって利益を上げて、日本円を買い戻す（利確*）か、保有し続けて価格が上がったタイミングで日本円を買い戻す（利確）のどちらかのパターンになります。

　値上がりが続いている仮想通貨があった場合は、仮に10枚買ったとしたら5枚は長期的な保有にし、残りの5枚は短期的なトレードに回すといった2つのパターンを組み合わせたトレードスタイルがオススメです。仮に5枚で損失を出したとしても、長期的な値上がりによって残りの保有している5枚で損失分をカバーすることが可能だからです。このように、慣れないうちはリスクを分散したやり方を取りましょう。

＊利確……利益を確定すること

仮想通貨で利益を出す2大パターン

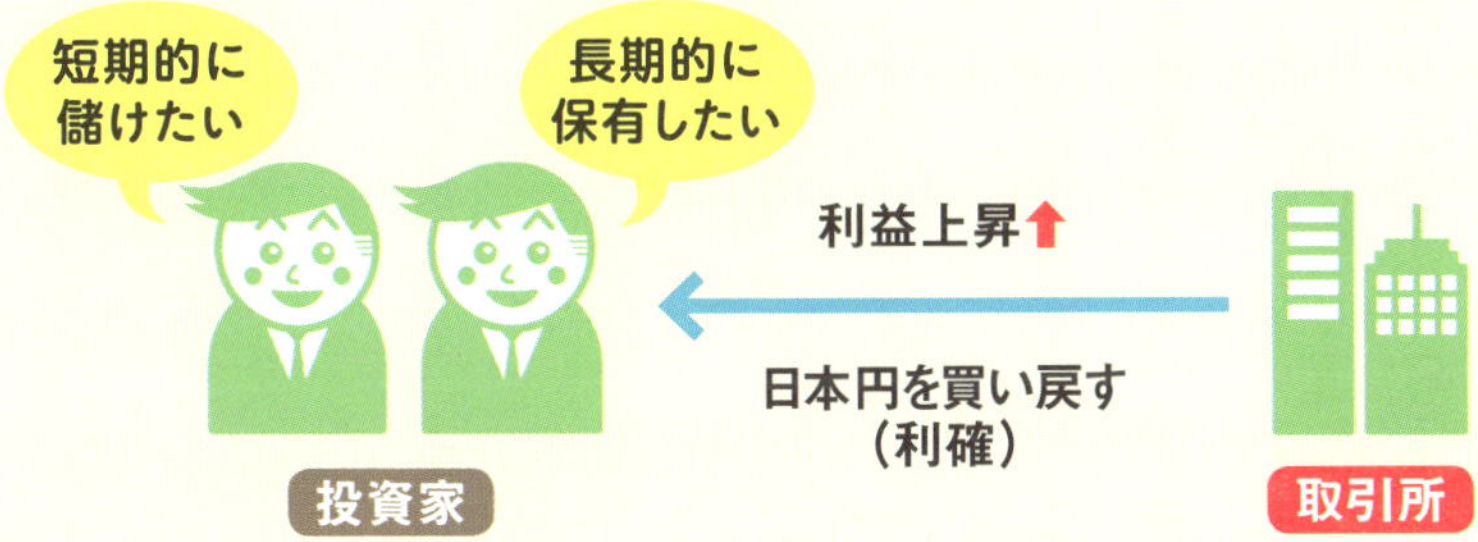

短期的な売買で儲ける場合

- イベント前
- チャート図が予測しやすいとき

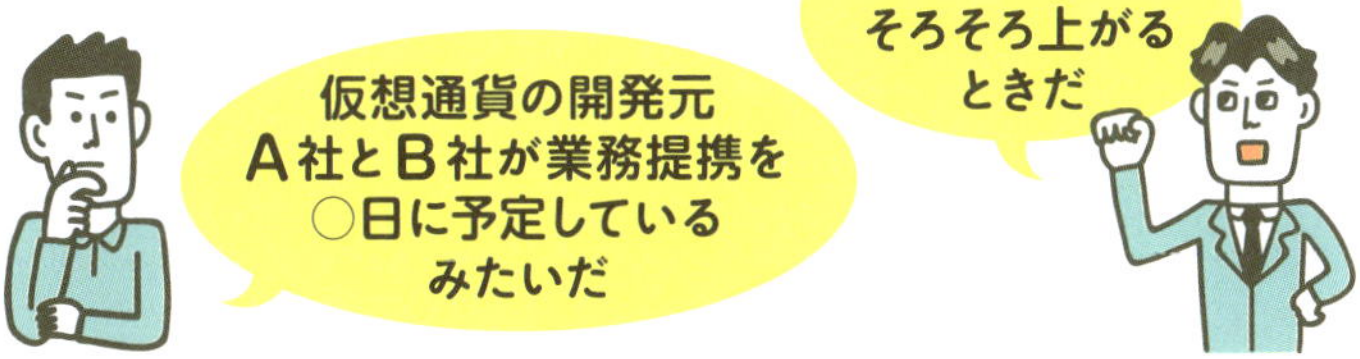
このチャートならそろそろ上がるときだ

保有し続けて儲ける場合

- 将来性に期待できるとき

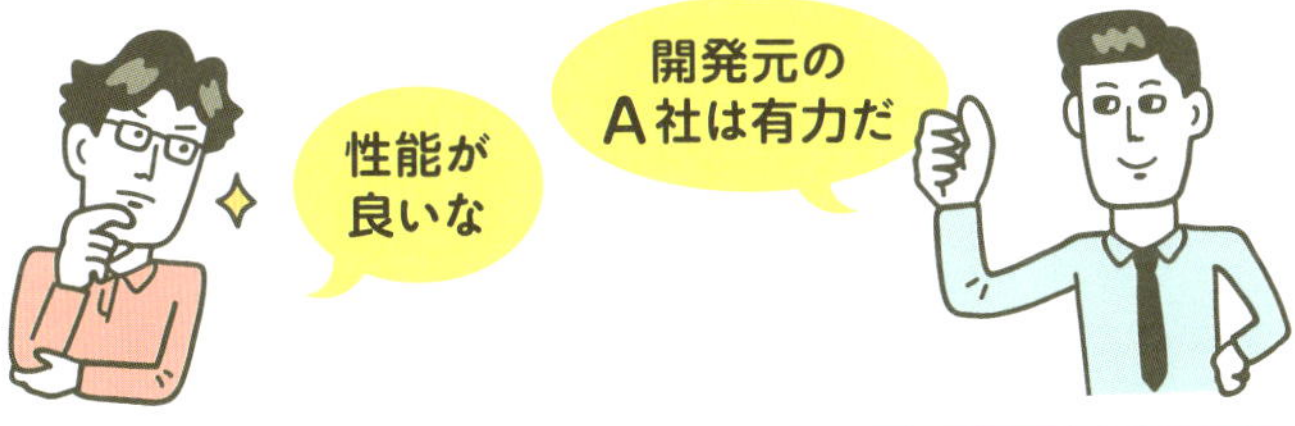

Point

2つの投資パターンを組み合わせるのがオススメ

04

初心者にオススメの3つの取引所

私が普段から使用している取引所は、GMOコイン、BITPOINT、DMMビットコインです。

3つの取引所の特徴

GMOコインに関しては、手数料が無料でセキュリティも高く、最初に利用する取引所としてオススメです。この取引所は、アプリで仮想通貨を買うことができるので、スマートフォン世代の若者にとっては最も親しみやすい取引所だと私は思います。難しい手続きをする必要もなく、アプリをダウンロードして身分証明書を提出すれば仮想通貨を買うことができます。

またBITPointという取引所は、本田圭佑選手をイメージキャラクターに採用するなどのキャンペーンを随時行っており、ビットコイン取引の手数料が無料で、MT4*という専用の取引ツールを使えるため、私はよく利用しています。MT4とは、さまざまな投資指標を使ったトレードや他の人のトレードアルゴリズムを利用したトレードを行う機能などが搭載された本格的なツールで、トレードに慣れたらぜひ使用してみてください。

DMMビットコインという取引所は、ビットコイン以外の仮想通貨でもレバレッジ取引（本章8項）を行えるため、登録しておくと便利です（ビットコイン以外の仮想通貨でのレバレッジ取引ができなかったり、手数料が高かったりする取引所が多いのです）。

この3つの取引所のどれかに登録しておけば仮想通貨の投資で困ることはほとんどありません。トレードチャンスを逃さないために3つとも登録するのも1つの手です。

*正式名称は、MetaTrader4

初心者にオススメの3つの取引所

GMOコイン

GMOコイン

URL https://coin.z.com/jp/

主な特徴
- 手数料が無料
- セキュリティが高い
- 若者向け

BITPoint

BITPOINT

URL https://www.bitpoint.co.jp/

主な特徴
- 豊富なキャンペーン
- 専用の取引ツール有り

DMMビットコイン

DMM Bitcoin

URL https://bitcoin.dmm.com/

主な特徴
- ビットコイン以外での
レバレッジ取引が可能

自分に合った
取引所は
どれかな？

Point

**迷ったら、紹介した3つの取引所の
どれかを登録しておこう**

05

最初は国内取引所で取引してみよう

仮想通貨の取引所は国内だけでなく海外にもあります。取引に慣れてくると、海外取引所を使ってビットコインと国内で扱っていないアルトコインを交換して価格が上がったところで利確して資産価値を増やすという手段もあります。

海外取引所のアルトコインは国内で慣れてから手を出そう

しかし、初心者の方がいきなり海外取引所を使うというのは少しハードルが高いため、最初は国内取引所を使って日本円とビットコインの取引をすることをオススメします。日本語に対応していない取引所や、急な政府による規制などで使えなくなってしまう場合もあるからです。

また、海外取引所は万が一ハッキングの被害にあったときなどに補償がなく、全てが自己責任になってしまいますので、少しリスクが高いかなと私は考えます。

そもそも**アルトコインの取引は、日本国内でビットコインの取引に慣れてからにしましょう**。仮想通貨市場で最もシェアを取っているのがビットコインで、たいていの取引所で他の通貨を購入できる基軸通貨として機能しているからです。ビットコインに慣れてアルトコイン取引をする場合でも、基本的には国内取引所で扱っているイーサリアム、リップルなどの有名なアルトコインをトレードするだけでも十分利益を上げられます。はじめたばかりの人は、まずとにかく取引に慣れることです。注文方法や売却方法などの基本的な使い方を学んでから、次のステップに進んでください。十分上達したと感じたら、海外取引所を使ってみるのも良いでしょう。

国内取引所と海外取引所

初心者向け

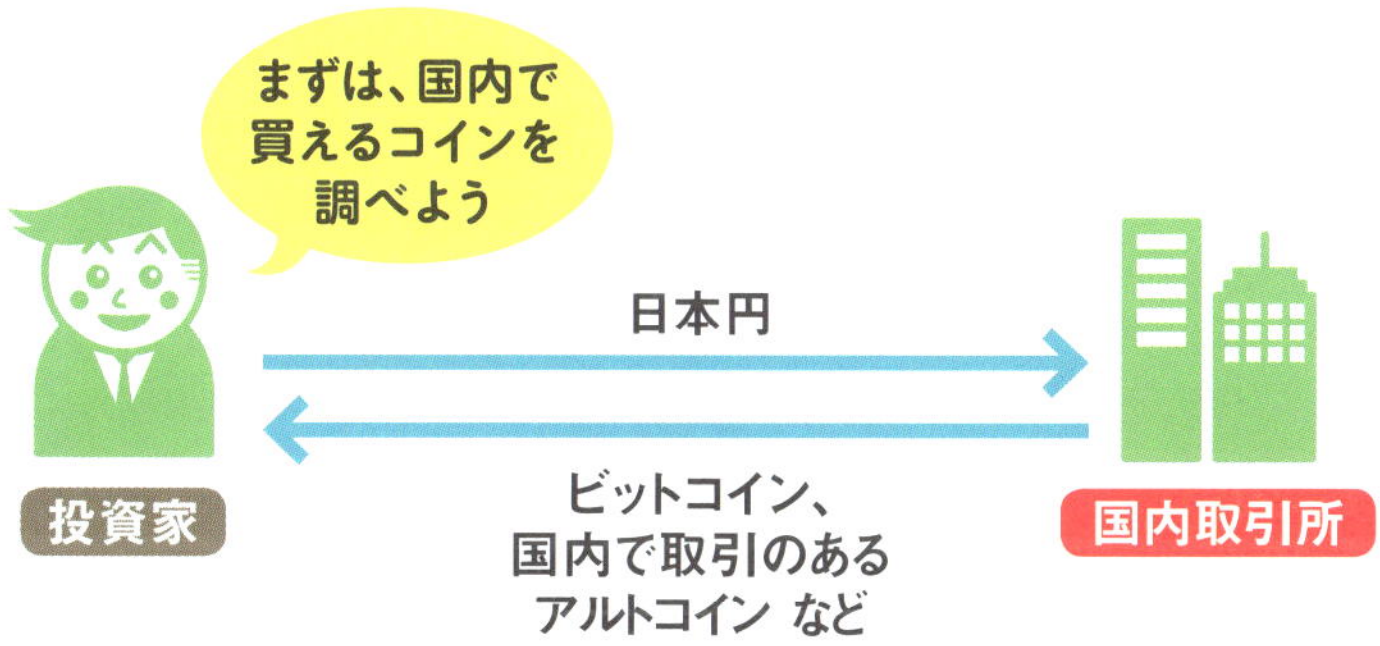

上級者向け

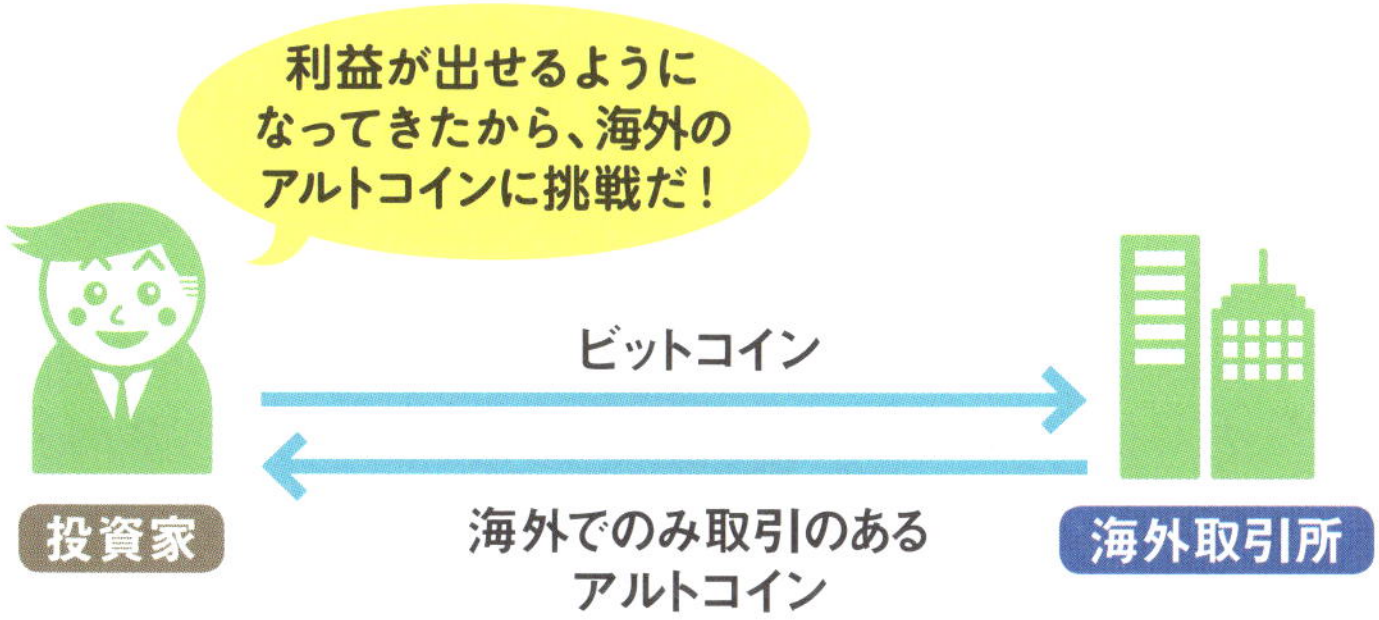

Point

**アルトコインの取引は、日本国内で
ビットコインの取引に慣れてからにしよう**

06

基本的な注文方法を知っておこう

仮想通貨の値動きを予想して注文してみよう

　注文方法は株式と特に変わりません。自分が仮想通貨をいくらで買いたいのか、または買った仮想通貨をいくらで売りたいのかをあらかじめ設定して注文を出す（指値取引）だけです。**売買価格を設定しておくことで、自分が見ていないときでも自動的に売買してくれる**ので24時間値動きする仮想通貨に関しては効果的な注文方法です。

　また、今すぐに売買注文を成立させたいという方は、成行注文を利用しましょう。成行注文とは、価格を指定せずに、市場価格で必要な数量を購入することです。自分が仮想通貨の価格を見たときに安くなっている場合や、逆に高値を更新しているときに今すぐ利益を確定させたいという場合などに利用します。本来であれば成行注文ではなく指値注文で仮想通貨の値動きを予想して利益を取っていくべきです。どの取引所でも成行注文と指値注文に関しては利用できますので、本章4項でオススメした3つの取引所のどれでも問題ありません。

株と違って注文は残ったままになる

　仮想通貨は株と違って24時間いつでも取引ができるため、**指値注文した仮想通貨に関しては取引が成立しない限り、永久に注文は残ったままです**。例えば、仮想通貨の価格が上がりそうなときに売却の指値注文をしている場合、取り消してもう一度さらに高い価格で指値注文する必要があります。これを忘れていると、いつの間にか取引が成立してしまっていたということになりかねないので注意が必要です。

基本的な2つの注文方法

※1BTC40万円とした場合

指値注文例

400円の指値で0.001BTCの注文を出す

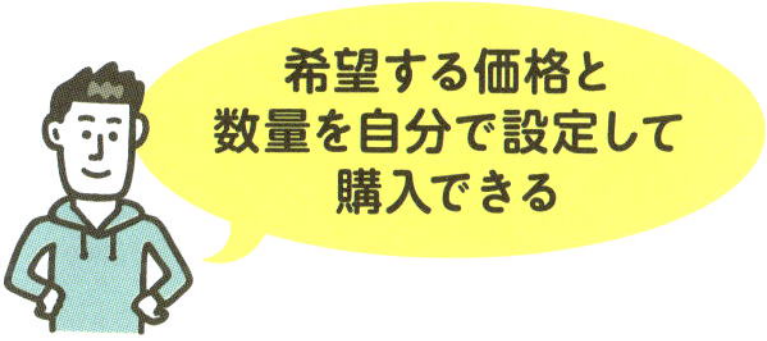
希望する価格と
数量を自分で設定して
購入できる

成行注文例

価格を指定せずに0.001BTCの注文を出す

現状で安い価格から
0.001BTCになるまで
自動的に買うことが
できる

0.1262	924420	
0.0494	924310	
0.0058	924170	
0.3052	924065	
	924010	0.2510
	924000	0.4000
	923980	0.0800
	923975	0.0500
	923770	0.0100

安いほうから順に買っていく

Point

すぐに売買したい場合は成行注文をしよう

07 取引画面の操作に慣れよう

実際に取引方法を見ていきましょう。今回は一般的な取引画面を例に解説していきます。どの取引所でも基本的な表示や操作は大きく変わりはありませんので、この解説を理解すれば仮想通貨取引は簡単にできるようになります。

取引画面には情報がたくさん

基本的に買いの注文は青か緑、売りの注文は赤で表示されています。

取引画面には自分が保有している仮想通貨の残高、現在の仮想通貨の価格の値動き、現在の注文の一覧など、さまざまな情報が詰まっています。

油断大敵！　数字の打ち間違い

注文の際に最も注意したいものの1つは、入力の間違いです。**取引が成立する前であれば、間違いに気づいた時点ですぐに取り消しましょう。**成行注文と指値注文の選択を間違えてしまった、本来売りたかった量より1桁多く注文を出してしまったといった残念な行動をしてしまうことがあります。

また、クリックの間違いもよくあります。売りたい量と価格を反対に入力して仮想通貨を低価格で間違えて売ってしまった、ボタンを押しても反応しないと思って2回クリックしたら注文が二度通っていて予定の2倍の金額を支払うことになったなどのミスはよく聞く話です。**慣れるまでは、必ず注文額を二度チェックする**などで、人為的なミスに気をつけて取引するようにしましょう。

どの取引所も初心者でも簡単に使えるように設計されているためすぐに慣れると思いますが、取引が成立してしまうと取り返しがつかないので慎重に扱うことをオススメします。

取引画面の操作に注意しよう!

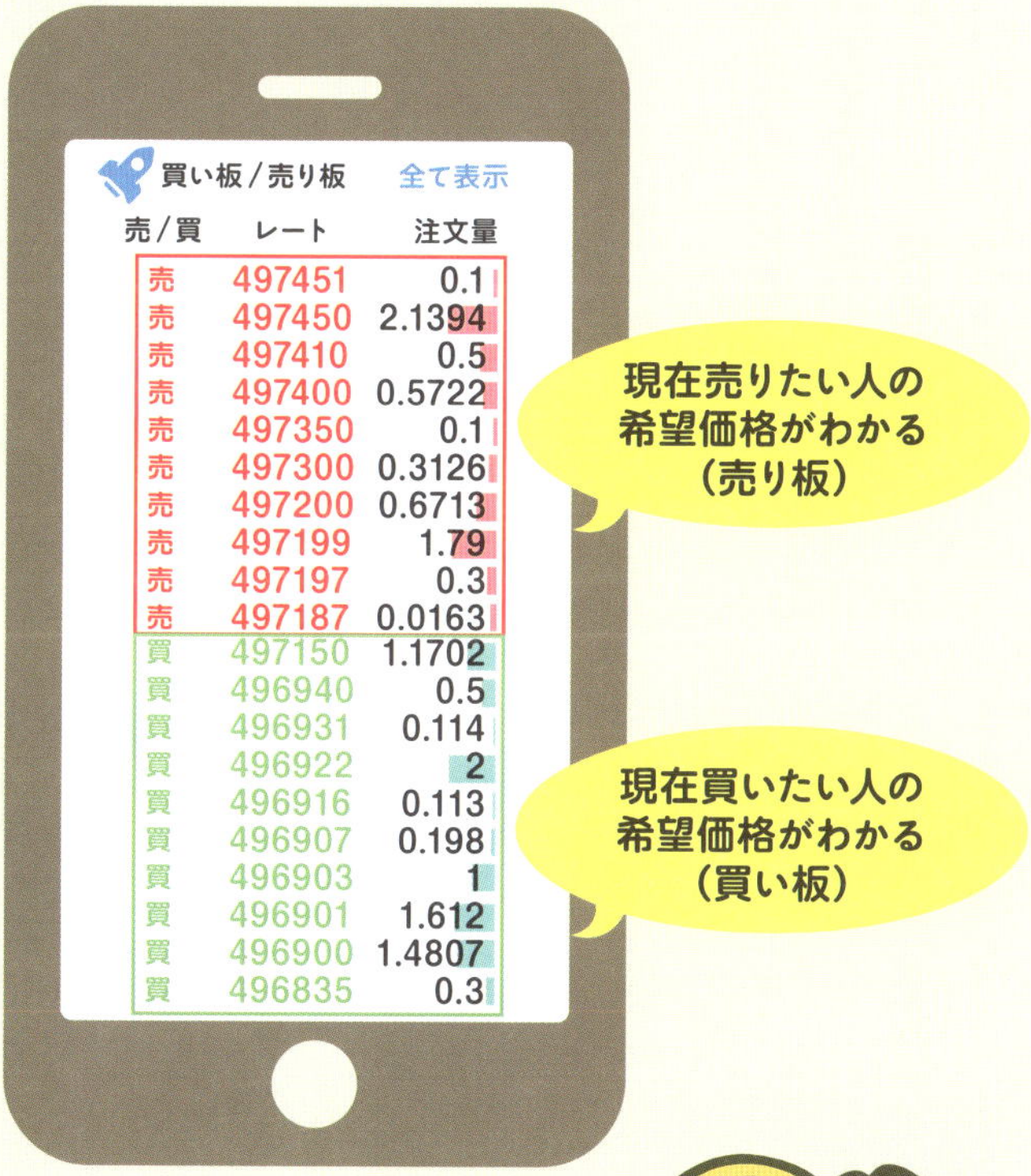

Point

購入や売却の入力時は、数字の桁間違いに注意!

08 少ない資金で大きく稼ぐレバレッジ取引とは？

レバレッジ取引とは？

これまで説明してきた手法は、自分の資本のみで運用して仮想通貨を購入する取引（現物取引）でしたが、もう1つ、トレードしていく上で知っておくべき手法があります。それは、レバレッジ取引という手法です。**レバレッジとは、「てこ」という意味で、自分の持っているお金を保証金としてその数倍の資金で注文を出す取引手法です。**例えば、100万円持っているときにレバレッジ5倍の取引を行った場合、500万円分の仮想通貨を購入することができます。国内では、25倍がかけられるレバレッジの中で最大ですが、**一般的に3～5倍程度で取引することが多い印象です**。今後は最大で4倍など、よりレバレッジに制限がかかると言われています。

レバレッジ取引のメリット・デメリット

このように、自分の資金に対してより大きな資金を運用することで利益を大きく獲得することができるのがレバレッジ取引のメリットです。

一方で、損失も現物取引以上に広がってしまうため、リスク管理には注意が必要です。例えば、100万円分取引していて、レバレッジ5倍で取引していた場合は、20%価格が下落しただけで100万円全てが失われてしまいます。**取引所によっては、20%も下がる前に強制的に損切りしてくれる**こともありますが、どちらにせよハイリスク・ハイリターンの投資手法ということです。慣れるまでは通常の現物取引でトレードを行って、慣れてきたと思ったら徐々に挑戦してみると良いでしょう。

現物取引とレバレッジ取引の違い

元手100万円で
買いたいな

現物取引

100万円分のBTCしか買えない

レバレッジ取引

500万円分
(元手100万円×5倍)
のBTCも購入できる

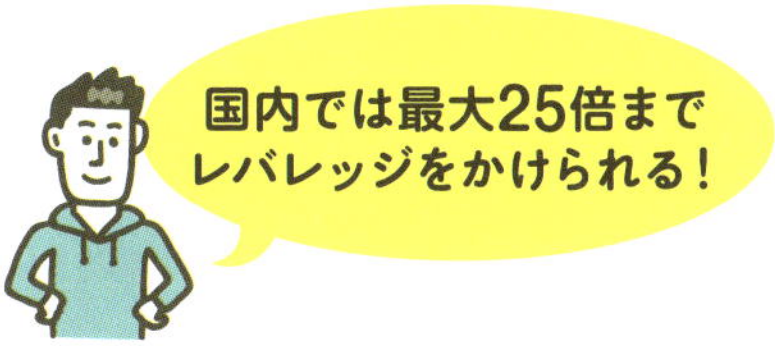
国内では最大25倍まで
レバレッジをかけられる！

Point

レバレッジ取引は元手の数倍の額を運用できる取引

COLUMN

「もうはまだなり、まだはもうなり」

この格言は、投資の格言の中でも最も有名な格言の1つです。もともとは、数百年前の時代から受け継がれてきた格言で、その意味は、「もう底だと思えるような相場でも、『まだ下がる余地があるのではないか』と考えてみなさい。反対に、まだ下がるのではないかと思ってしまうときは、『もうこの辺りが底かもしれない』と考えてみるのはどうか」という教えです。

つまり、相場の中でも特に転換点では、自分の判断に欲望が絡んでしまうと、「実際の動きとは逆の方向に値動きするのではないか」と予想してしまうことが多いので、損をする可能性が高いから気をつけろ、ということです。

実際に、「まだ下がるだろうからもう少し待ってから買おう」と思って待っていたら、目標の価格まで下がらず、どんどん上がっていって結果的にあまり良くない場所で買ってしまった……というような経験をした方もいるのではないでしょうか。

このようなときは、いったん買うのを諦めて次の機会に備える、といったやり方がリスクを抑えた投資戦略です。

ただそうは言っても、以前に紹介した格言「休むも相場」のように欲に駆られてついつい参加したくなり、投資家の心理と相場はいつも行き違いを起こしてしまうものです。そのことを心に刻んでトレードをするために、この格言は長い間語り継がれてきたのだと思います。「もうはまだなり、まだはもうなり」という格言を頭に入れてトレードをするだけでも、かなり損失を抑えることができると思います。これを機会にぜひ覚えておいてくださいね。

CHAPTER 3

第3章

仮想通貨投資の基本を知ろう

01 3つの価格を先に決めておく

3つの金額とは？

仮想通貨の投資をする際には**必ず「買う金額（買値）」「売る金額（売値）」、「損失を受け入れられる上限金額（損切り額）」を決めておきましょう**。これを決めていないと、自分がいつ購入・売却して良いのかがわからず、しっかりと利益を取りきれなかったり、大きな損失を出したりしかねません。

仮想通貨は価格の変動がとても激しく、1日で5％程度の値動きをすることがかなりの頻度であるからです。例えば、ビットコインはあっという間に3万円の下落をしたり、3万円の高騰をしたりします。

最大限の利益を取り、最小限の損失に留める

例えば、ビットコインを70万円で買ったとすると、利益を出すためにはビットコイン価格が70万円以上になることが当然必須ですが、自分の読みとは逆の方向に価格が下がっていった場合に、「きっと価格が戻る」と思い、保有し続けるという考えが、結果的に大きな損失を生むことになり得ます。このとき、事前に希望する売値と損切りする価格を決めていれば、損失を最小限で留めることができますし、チャートを見て希望価格に望みがあれば利益を確保できるかもしれません。

それぞれの金額は、最初は自分の感覚で決めて構いません。トレードをしながら修正していきましょう。

ほとんどの方が、焦ってすぐ利益を出したいという考えに陥りがちですが、投資に関しては「負け数をとにかく減らす」ということが重要になります。

買値と売値の決め方の例

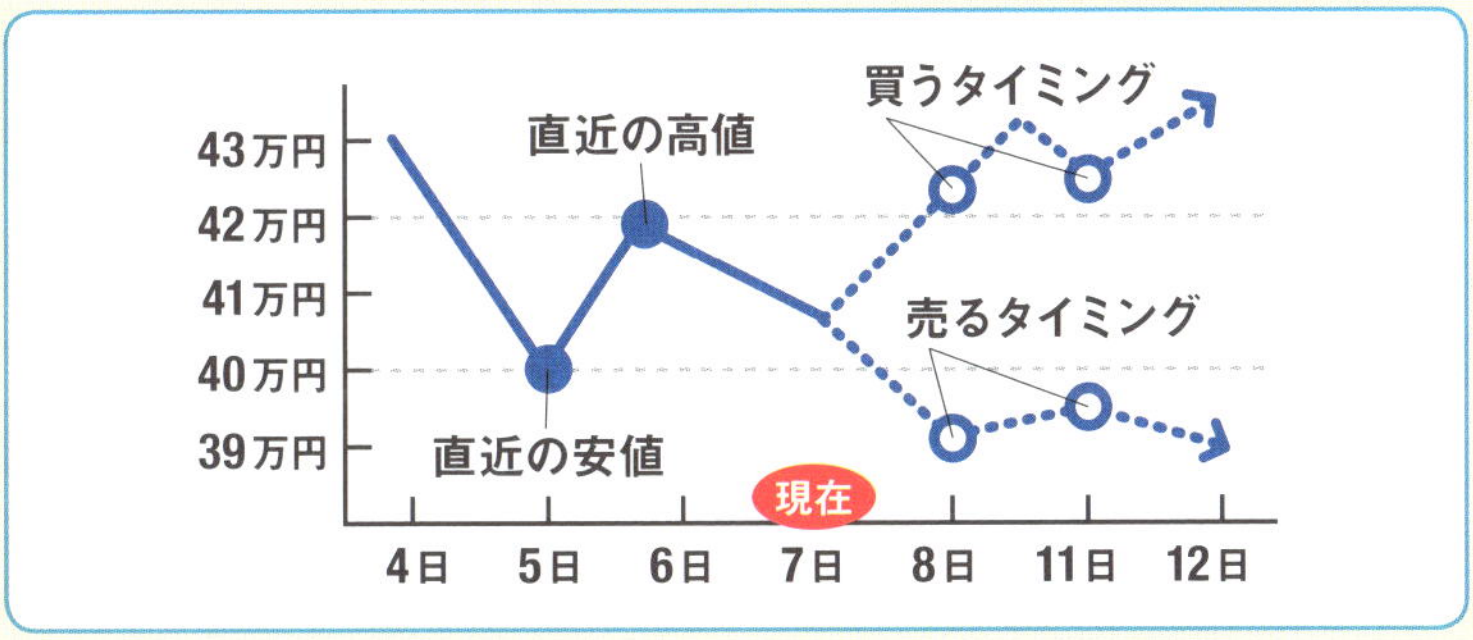

Point

買う前に3つのタイミングを必ず決めておこう！

02 原資が少ない場合はレバレッジ取引にも挑戦しよう

第2章で解説したレバレッジ取引を使えば、たとえ元手が少額でも大きな金額で取引可能です。あなたがいくらの元手ではじめ、いくらを目指して取引をするのかによりますが、例えば**「元手10万円を1年で1億円にしたい」という目標がある場合、現物取引をしているだけではなかなか厳しい目標になる**と思います。

そこで、リスクが伴いますが、レバレッジ取引を使うことで目標へ最短で近づくことが可能になります。ただし、レバレッジ取引をする際には、「5倍のレバレッジをかけて勝負すれば、負けたときにそれだけ大きな損失を出しかねない」ということを必ず念頭に置いておいてください。

ここぞというときにはレバレッジを使おう

もちろん、常にレバレッジをかけて取引をする必要はありませんが、**年に数回必ずやってくる大金を稼ぎやすいチャンスがあります。**仮想通貨が暴落するタイミングや、急激に価格が上昇しはじめるタイミングです。このタイミングでレバレッジ取引を使えば、一気に資産を伸ばすことが可能です。もちろん、予測した上昇・下降の方向と逆を行けば大損する可能性もありますが、成功すればその先の仮想通貨投資で使える資産が大幅に増えますし、目標に近づくことができるようになります。

現物の取引を複数回して資産を増やすという手段は、レバレッジをかけるよりリスクも少なく安全な手法なのですが、「仮想通貨で大金をすぐに稼ぎたい」ということを考えて投資をはじめるのであれば、レバレッジ取引は選択肢の1つとして持っておくべきです。

レバレッジ取引のメリット

1年で
1,000万円
にしたい！

通常の取引

10万円分のビットコインを運用できる

目標 1年で1,000万円

経過月	投資額	利益	資産
1か月目	10万円	3万円	13万円
2か月目	13万円	3万9,000円	16万9,000円
3か月目	16万9,000円	5万700円	21万9,700円

（毎月投資額の1.3倍稼げたとした場合）

目標未達成 **12か月目の資産は、232万9,000円**

レバレッジ取引

5倍のレバレッジなら、50万円分のビットコインを運用できる

目標 1年で1,000万円

経過月	投資額	利益	資産
1か月目	50万円	15万円	65万円
2か月目	65万円	19万5,000円	84万5,000円
3か月目	84万5,000円	25万3500円	109万8,500円

（毎月投資額の1.3倍稼げたとした場合）

目標達成 **12か月目の資産は、1,164万5,000円に！**

取引所別のレバレッジ倍率一覧表

取引所	レバレッジ倍率
GMOコイン	最大10倍
bitflyer（ビットフライヤー）	最大15倍
DMM Bitcoin	最大4倍
BITPoint	最大5倍*
bitbank Trade	最大20倍
BitMEX	最大100倍

Point

レバレッジ取引は一気に目標に近づける可能性が高いけど、リスクがあることを忘れずに！

＊2019年2月上旬から4倍になる予定

焦りは禁物！自分ルールを作ろう

仮想通貨の投資をする上で最もやってはいけないことは、焦ってすぐに仮想通貨を買うことです。初心者の方にありがちなのが、口座を開設してとりあえず仮想通貨を買ってみたというような行動です。たしかにメディアなどで「○○コインが儲かる！稼ぎやすい！」「○○コインが狙い目！」などという報道が非常に多く、そういった報道に惑わされがちですが、仮想通貨の値動きというのは非常に激しくなっており、簡単に資産を失う可能性もあります。

ですので、まず自分ルールを作り、そのルールに忠実に投資をするということが重要になります。

仮想通貨の自分ルールとは？

初心者でいきなり自分ルールを作るというと、難しいと感じてしまうかもしれません。**ルールといっても、徹底的に細かく作る必要はなく、最初は「1週間に3回以上トレードをしない」というような単純なルールで構いません。**

やはり人間ですから利益が大幅に出てくると、「もっと値上がりするのでは」などという感情も湧いてきますし、値下がりしたときは「きっと大丈夫。すぐ値段が戻るはず」などと考えてしまうものです。こうした感情による取引は、結果的に大きな損失を招くことになります。感情を排除するためにも、自分のルールに沿った取引を心がけましょう。

そのルールに沿って利益を確保した後、仮想通貨がさらに値上がりすることもあれば、そのタイミングで下がることもあります。**自分ルールに忠実に従い、その後の値動きを確認してルールを少しずつ修正し、精度を上げていきましょう。**

損をしないための自分ルール

自分ルールとは?

自分ルール例 ……「直近の高値を超えたら売買する」

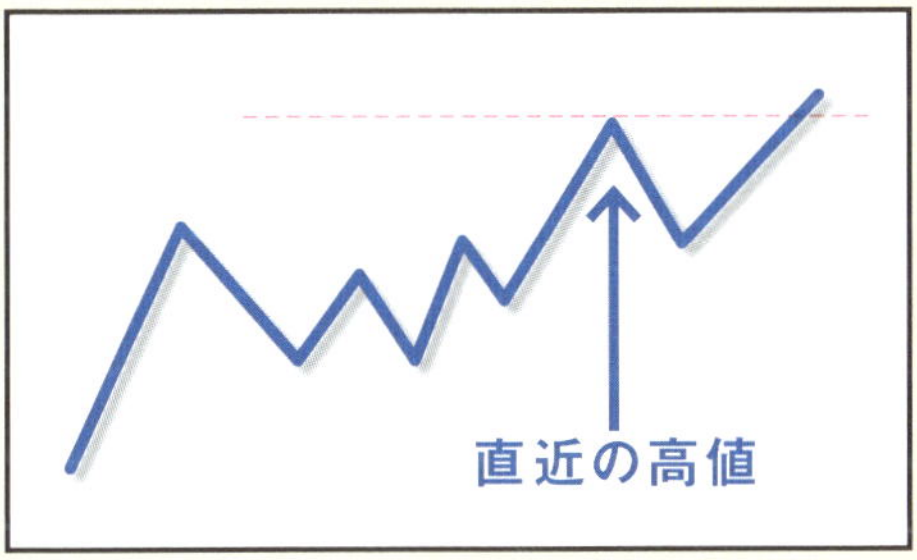
直近の高値

損をする考え方　利益を出せる考え方

もっと
上がるのでは?
もう少し
持っていよう!
直近の高値を
超えているか
ら売ろう!

Point

感情ではなく、自分ルールに従おう!

04

仮想通貨投資の「10％ルール」

私が普段からしている仮想通貨の買い方について説明します。私は仮想通貨が数十万円の単位で値動きをするときは、現物取引でトレードすることが多くあります。レバレッジ取引の場合は、1万円単位の値動きでも利益を出していくという手法もとります。

激しい値動きをしている場合はどうする？

仮想通貨の値動きは、1週間の間に数％しか動かないときもありますし、1週間の間で数10％近くの値動きをすることもあります。これは、実際に仮想通貨の価格変動を見ていればわかるようになると思います。

このような**激しい値動きをするタイミングで私が取っている取引のルールは、「自分が買いたいと思ったタイミングから10％下がる前提で買いの注文を入れる」**ということです。

10％にしている理由は、以前自分が買いたいと思ったタイミングより10％下の価格に買いの注文を入れた結果、3から5％程値上がりして利益を得られるケースが多かったため10％の数値に設定しています。10％下に買い注文を入れたことでたとえ買えなくても、利益も損失も出ないだけで問題ないと私は考えています。

私が最も大事にしているのは、徹底的に損失する可能性を減らすことです。

10％下となるとそこまで大きく仮想通貨は下がるのかと感じる方もいるかもしれませんが、これは私が損失を出さないということに重点を置いているからできたルールになります。皆さんなりのルールを作り、トレードしながら修正するようにしてください。

seiyaオススメの10%ルール

買いたいと思ったら……

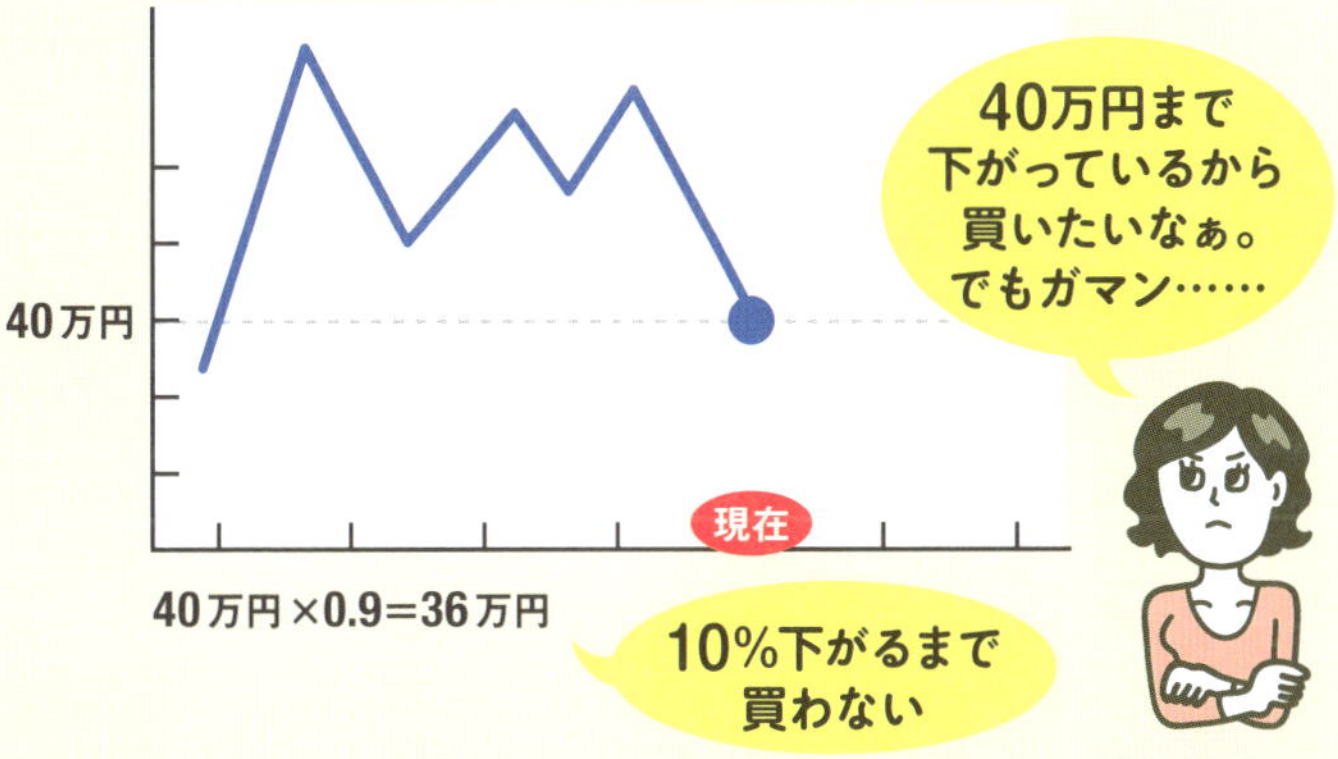

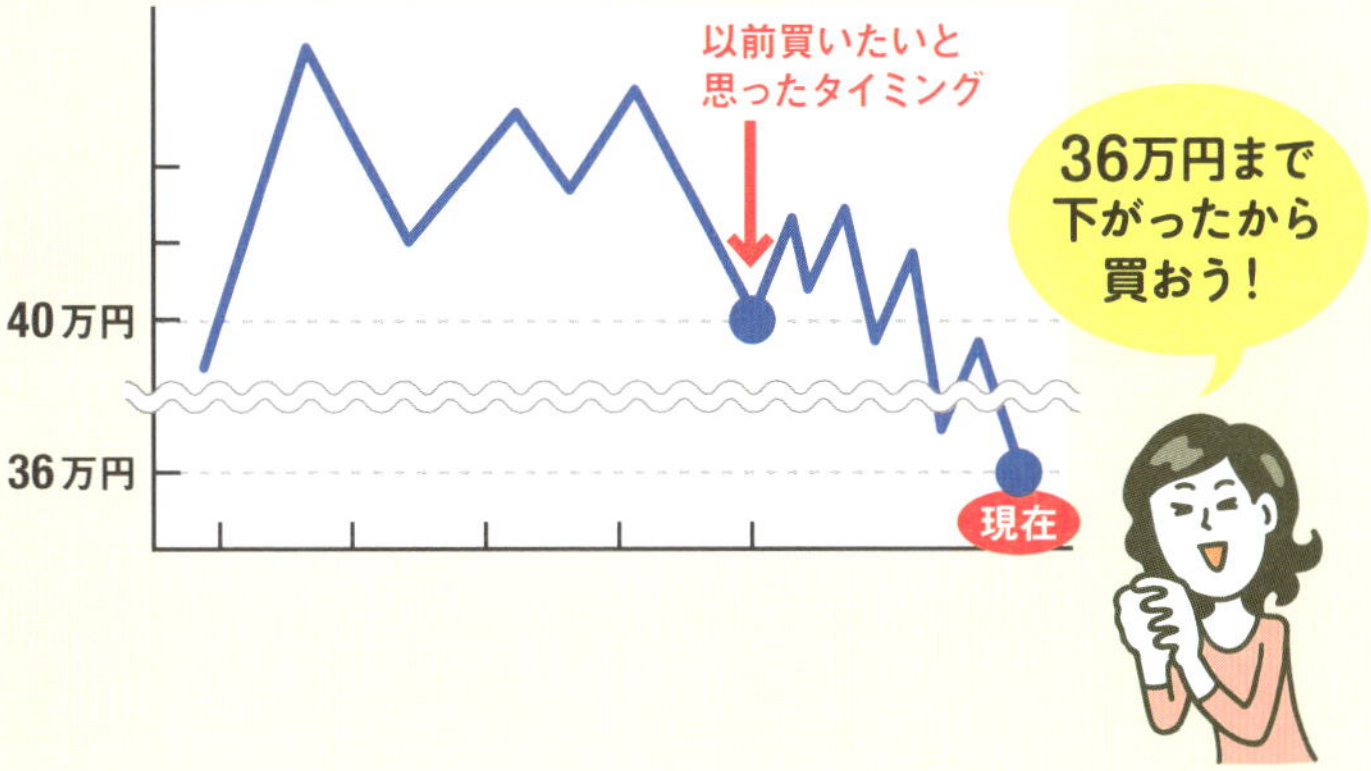

Point

買いたいと思っても、一度立ち止まって考えよう

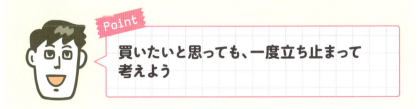

利益を上げる人がしている「9割思考法」

仮想通貨投資をしていく上で大事な考え方は、「トレードは9割の人が負けている」ということです。トレードは、買いたい人たちが注文する金額と売りたい人たちが注文する金額が同じになっていて、利益と損失の額が同じになるゼロサムゲームです。つまり、**勝っている人がいれば、負けている人も同じ金額分だけいる**のです。

投資の世界では少数派の考え方をすること

その際にポイントとなるのは、たいていの場合、少数の勝ち組と多数の負け組に分類されるのが投資の世界だということです。例えば、100万円と大きく勝っている1人がいれば、それに対して大きくない額で負けている人が9人いるということです。

つまり、**他の人がなんとなく知っていそうなことを基にトレードをしていると、他の人が少しずつ損をしているのと同じように自分も損をする傾向にあります**。

この事実に気づいて、いかに9割の負けているトレーダーにならないかを考えることが大切です。

そのように考えると、「テレビのニュースでやっていたからビットコインを買ってみよう」「有名な政治家がビットコインは売りだと言っていたから売ろう」というような判断での売買は、いかにもみんながやりそうなことだと思いませんか？

多数の人が考えるようなトレードをしてしまうと、残念ながら損をしてしまうことが多いのです。投資で勝つには1割程度の少数派の考え方が大切だということをしっかりと心に留めてトレードしていきましょう。

ゼロサムゲームとは?

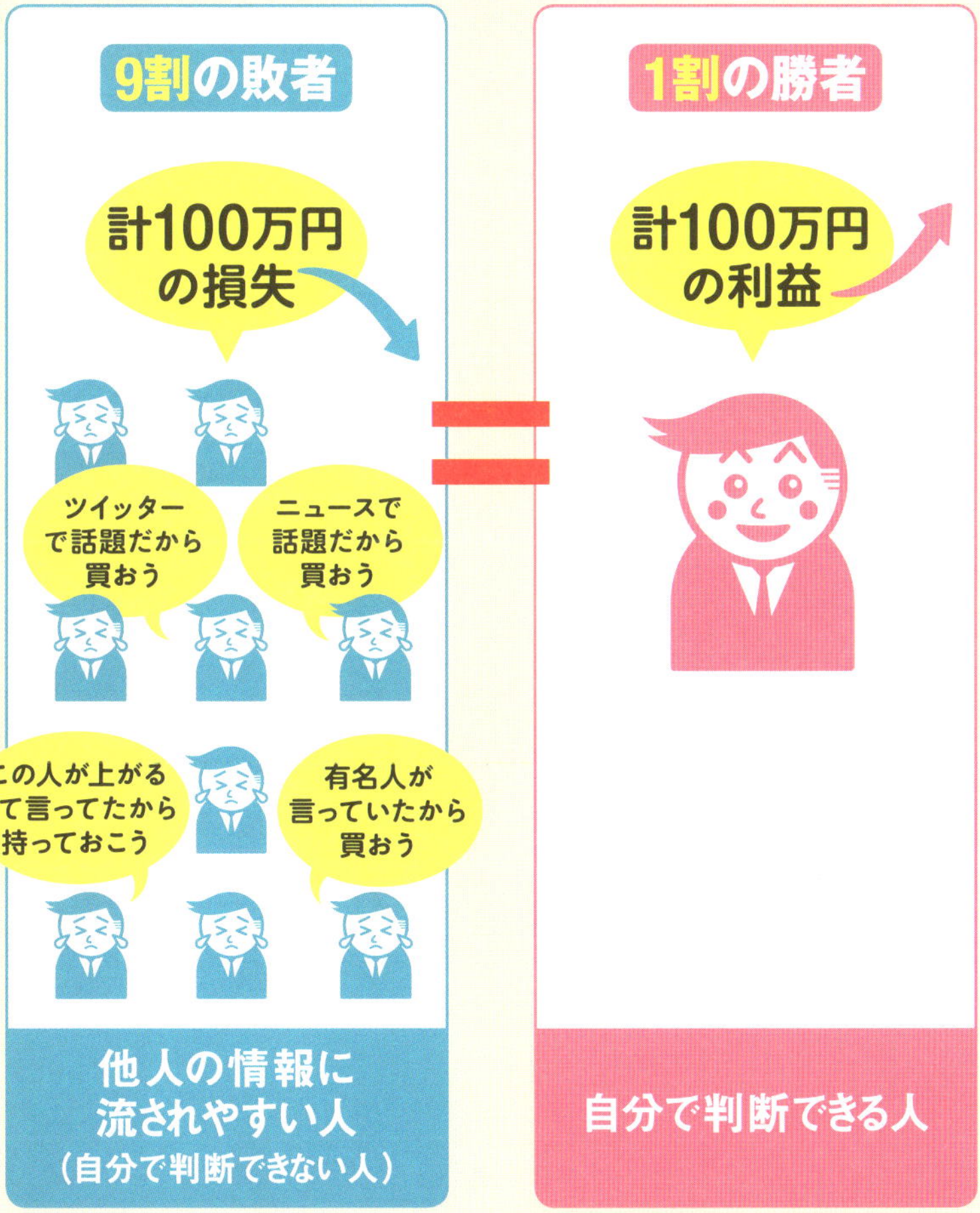

負けた人の損失=勝った人の利益になる仕組み

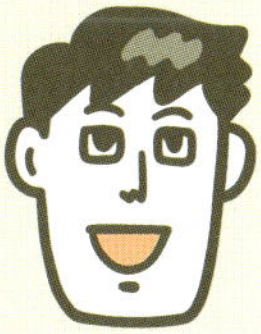

Point

多数派の思考では勝てない!

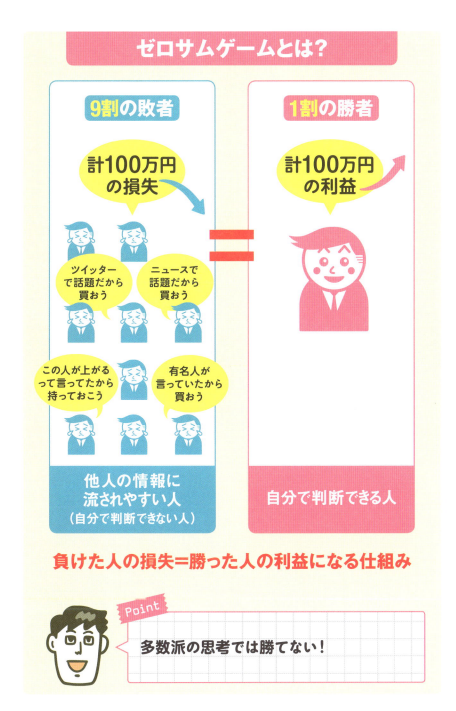

「勝ち数」を増やすのではなく「負け数」を減らす

SNSを見てると「〇〇で40％増えた」「今日は2BTC勝った」という勝利報告を結構目にしませんか？　反対に負けた報告ってあまり見ませんよね？　現実ではかなり損をしていても、隠して適当に発言することもできるのがSNSです。いつも勝っているなと思う人も実際は負けている可能性が大いにあるわけです。

生き残れる考え方

でも、こういった発言を見ると「私ももっと大きく勝ちたい！」って思いませんか？

そう思ったあなたは多分生き残れません。ほぼ不可能ですが、1年間全く損せずに毎日1％でも利益を上げていける人が強いと考えてます。勝ち数が多くても、大きな損が5回もあれば利益なんて簡単に吹っ飛びます。いかに資産を減らさないか、いかに上手く負けるかが一番大事。勝率なんて20％もあれば良いのです。しっかり損切りをして大きな負けさえ防いでいれば、チャンスが向こうから来てくれます。

すぐに勝とうとせずに、まずは負けないことを意識してトレードをしてみましょう。大きな利益を出そうとしてしまうのは初心者の方にありがちな行動ですが、大きな利益を狙うということは、反面、大きな損失を生む可能性があるということと同義なのです。

コツコツ勝って、負け額を減らすことを心がけるだけで、投資を辞めなくてはならない状況になることもなくなります。そうすると、徐々にトレードも上手くなるはずです。

この点をしっかり意識しておくことで、最終的には大きな利益を得ることができるでしょう。

負けない投資法

理想はこうだけど……

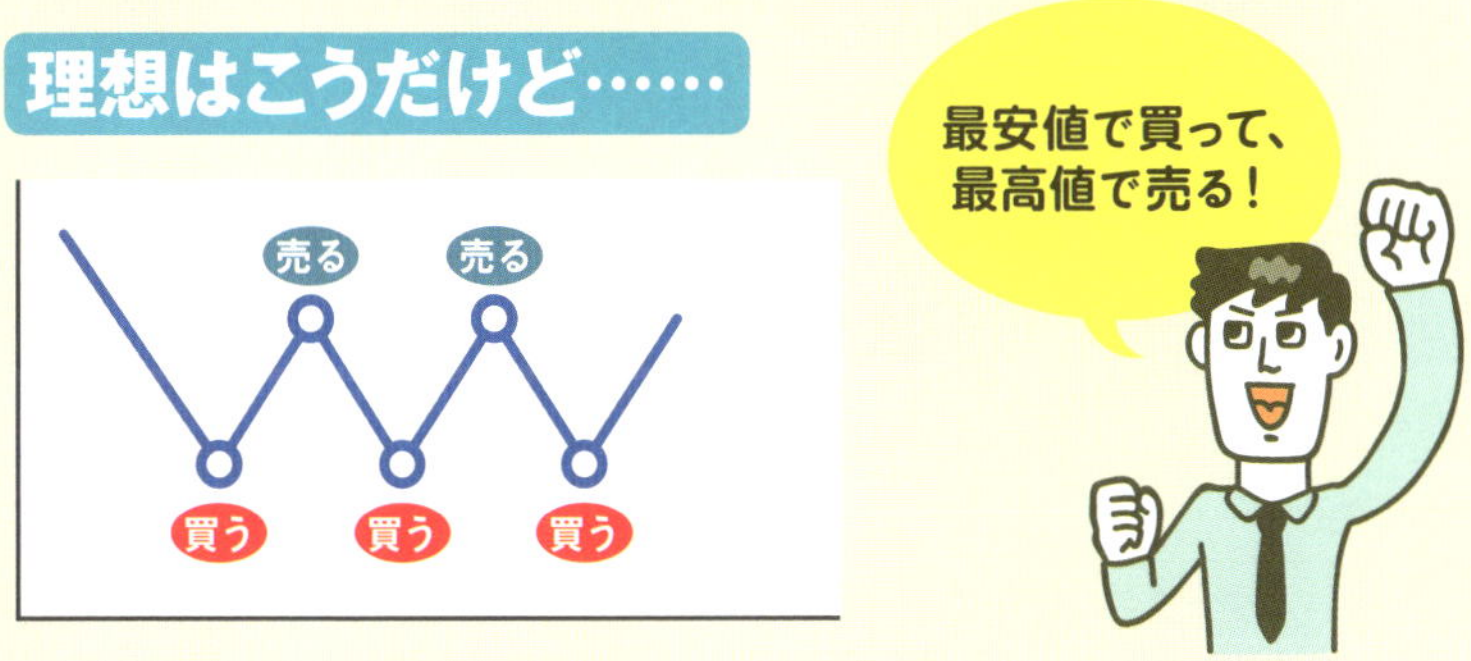

売る
売る
買う
買う
買う
最安値で買って、
最高値で売る！

実際は……

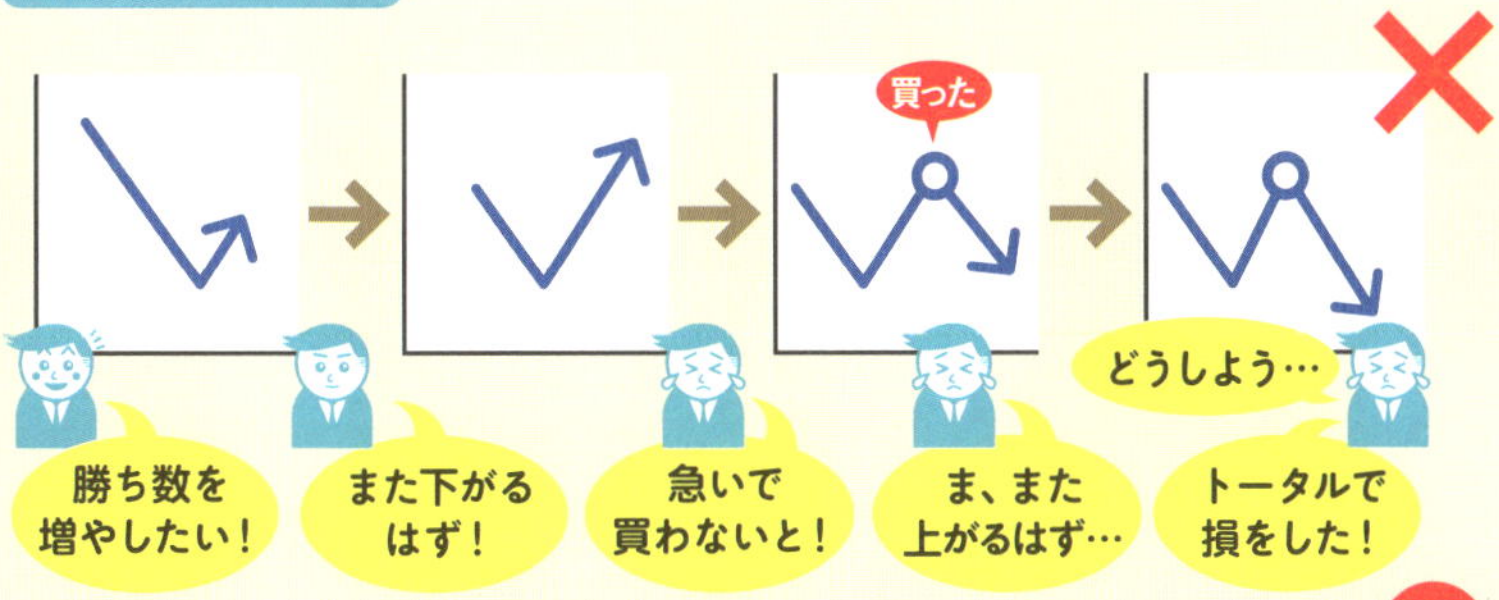

買った
どうしよう…
勝ち数を
増やしたい！
また下がる
はず！
急いで
買わないと！
ま、また
上がるはず…
トータルで
損をした！

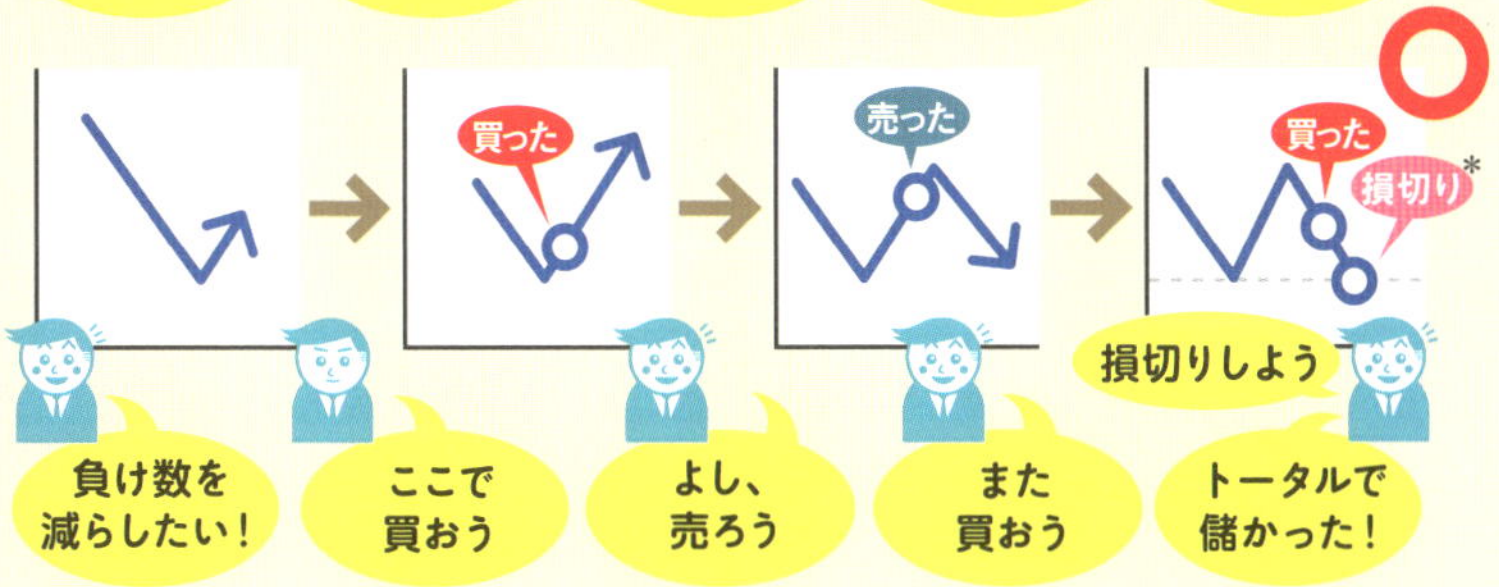

買った
売った
買った
損切り*
損切りしよう
負け数を
減らしたい！
ここで
買おう
よし、
売ろう
また
買おう
トータルで
儲かった！

Point

欲張らずに、細かくコツコツ利益を出していこう！

＊損切り……取引で損を出しても決済すること

仮想通貨全体の相場を把握しよう

株などと同じく、仮想通貨にも通貨全体の価値を示す時価総額が存在します。仮想通貨投資をする際には、1種類の仮想通貨全体の価格だけではなく仮想通貨全体の市場価格にも注目しましょう。

2つの時価総額からアルトコインの値動きがつかめる

２０１８年１月７日の仮想通貨の時価総額は、前日から約３９１億米ドル上がって過去最高の約８３３７億米ドルとなる一方、同日のビットコインの時価総額は前日から約３億米ドルの上昇で２８６８億米ドル前後にとどまりました。*

このとき、仮想通貨全体とビットコインの時価総額から熱狂具合を把握するだけでも、**ビットコインだけでなく、他の仮想通貨の値動きもある程度読めるようになってきます**。

仮想通貨の時価総額とビットコイン価格の関係

２０１７年12月下旬から２０１８年１月にかけて仮想通貨市場が熱狂しましたが、当時のビットコインの価格は１７０万円から１９０万円あたりを推移し、過去最高の２４０万円を超えるような勢いはありませんでした。*

シェア率の多いビットコインですが、いつも時価総額と価格の動きが連動するわけではありません。

私はアルトコインが熱狂している間は反対にビットコインの値動きは軟調になるだろうと考え、ほとんどのビットコインをアルトコインに換金して大きな利益を得ることができました。仮想通貨全体の市場価格とビットコインの値動きを合わせて確認しておくことが重要です。

＊出所:CoinMarketCap
https://coinmarketcap.com/ja/charts/

仮想通貨全体の時価総額もチェック

仮想通貨とビットコインの価格推移の関係

仮想通貨とアルトコインの価格推移の関係

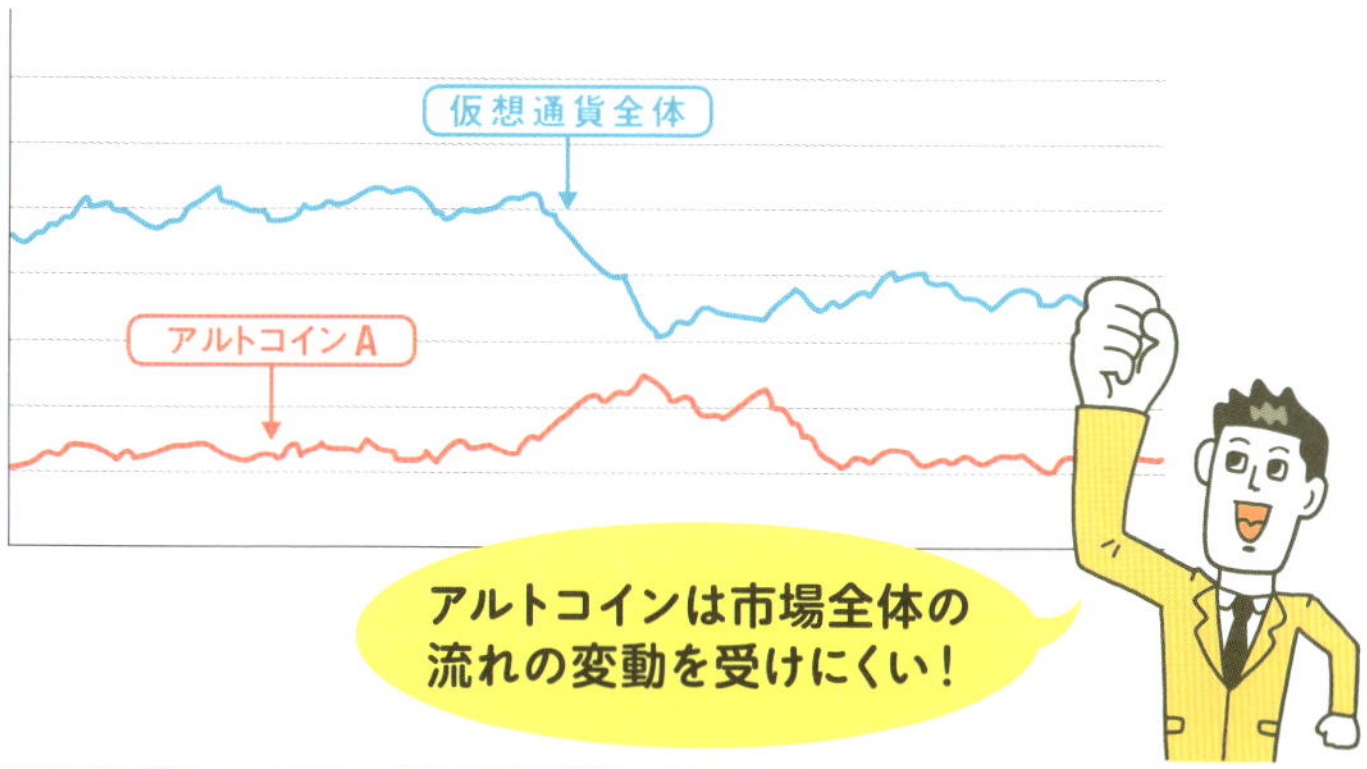

Point

仮想通貨全体の時価総額は、ビットコインの値動きの予測に役立つ

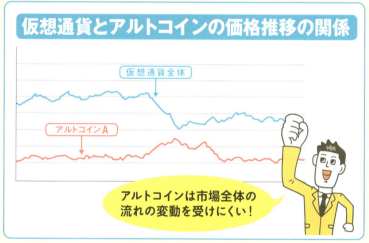

08 将来の仮想通貨の価格情報はあてにならない

私のところには初心者の方から「ビットコインは将来的にいくらになりますか?」という質問がよく寄せられます。はっきり申し上げると、将来の価格は誰にもわかりません。

1ビットコインが10万円だった時期には「ビットコインが年内に200万円になる」と言っていた人など、1人もいなかったでしょう。

以前に金融のプロフェッショナルの方がした予想は「2018年半ばまでに6000ドル（約66万円）になる」というものでしたが、2017年10月末には70万円を超えたため、大幅に予想時期を外しています。

プロの予測があてにできないわけ

過去の値動きをチャートで分析して未来の価格を推測するのは無駄だという意味ではありません。仮想通貨に関しては他人の予測通りに売買しても勝てないということです。株式のように企業の業績などの適正価格を示す指標がないので、需要と供給の関係による影響が大きく、集団心理を読んで行動する必要があります。これを悪用して、ツイッターなどで誤った情報を流して自分だけ勝とうとする方もいます。

また、仮想通貨は世界的にも注目を集めている投資対象で、24時間いつでも取引ができ、値動きのスピードが非常に激しいため、これまで株式投資やFXを行ってきたプロにも読みづらい状況にあります。

だからこそ、初心者でも勝てるチャンスがあるのです。**誰かの予想を頼りにせず、自分で予想するクセをつけましょう。**他人が発信する仮想通貨の価格予測情報は全て嘘であり、予想する人の希望的観測であると意識することが非常に大切です。

専門家の予測はあてにしない

ビットコイン価格の推移と専門家の予測

➡ 専門家たちは2017年末にビットコインが200万円になるとは思ってもいなかったし、2018年末に40万円とは予測できなかった

Point

さまざまな予測があるけど、自分で相場を見て予測しよう！

09 分裂のタイミングで稼ごう

ビットコインにはハードフォーク（分裂）という特殊なものがあります。

コインが分裂すると言うとなかなか理解するのが難しいと思いますので簡潔にご説明します。

コインの分裂とは？

ビットコインは第1章でも説明した通り、ブロックチェーンという技術により成り立っています。ブロックチェーンというのは取引のデータをどんどんつなげていくので、情報の改ざんができないようなシステムです。

ビットコインの仕様をより良いものに改善しようとする場合、もともとあるブロックチェーンをそのまま生かして全ての仕様を変更する、もしくは新しい仕様を採用してもともとあったブロックチェーンに関しては無視をする、のどちらかになります。

このもともとあったブロックチェーンを無視するという方法が、ハードフォークです。

分裂すると新しい通貨が誕生する

ハードフォークをすると、ビットコインではない新しい通貨が誕生します。過去で最も有名なものが２０１７年８月に起きたビットコインキャッシュを生んだハードフォークです。ビットコインキャッシュは、分裂当時は約３万円の価格をつけていましたが、２０１９年１月には20万円から30万円の価格帯を推移しています。

このビットコインキャッシュは持っているビットコイン枚数に対して同じ枚数を付与するかたちで誕生しました。つまり、分裂前にビットコインを１００枚持っていれば約

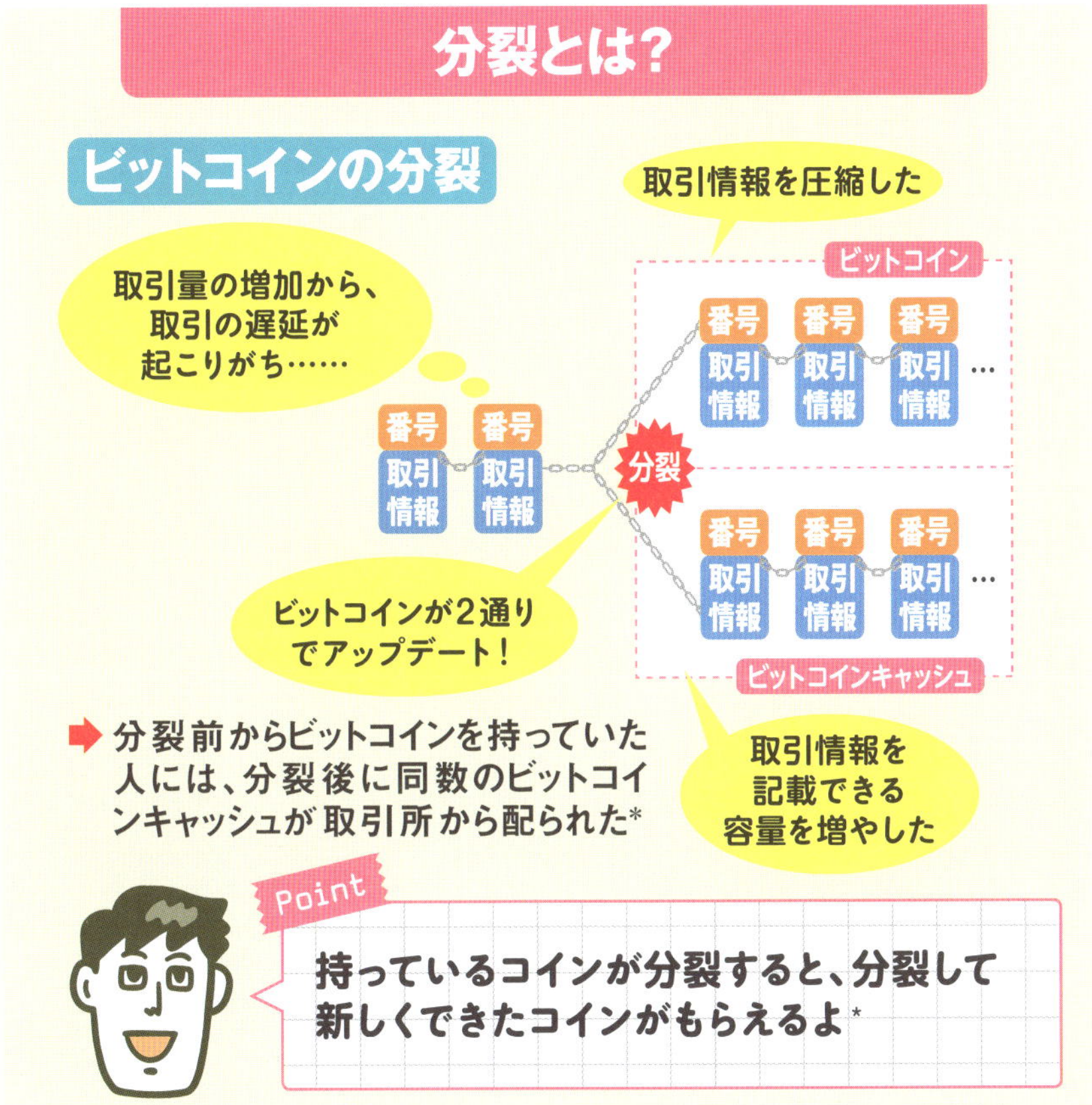
分裂とは?
ビットコインの分裂
取引量の増加から、
取引の遅延が
起こりがち……
取引情報を圧縮した
ビットコイン
番号
取引情報
…
分裂
ビットコインが2通り
でアップデート!
ビットコインキャッシュ
取引情報を
記載できる
容量を増やした
分裂前からビットコインを持っていた人には、分裂後に同数のビットコインキャッシュが取引所から配られた*
Point
持っているコインが分裂すると、分裂して新しくできたコインがもらえるよ*

*分裂したコインの種類や取引所によっては、分裂したコインが配布されない場合もある

2000から3000万円が無から生み出されたことになります。

その後もビットコインダイヤモンド、ビットコインゴールドなど、ビットコインから生まれたコインは数多くあり、それぞれ数千円から数万円の価格をつけています。

このハードフォークは一時期ブームになり、ビットコインを持っていれば勝手にお金が増えるなどと言われていました。

今後もまたビットコインキャッシュのような価格がつくかどうかはわかりませんが、**ハードフォークで稼ぐことができるのは過去の例から見て間違いはありません**。分裂の情報があったら、前日までに購入しておくことをオススメします。

10 仮想通貨の最新情報をチェックしよう

国内海外を含めて、仮想通貨に関する新しい情報が毎日飛び交っています。仮想通貨投資に情報収集は欠かせません。

例えば、中国のマイニング規制や韓国の取引所規制などの情報を手に入れていれば、下落を予測してレバレッジ取引で売り注文からはじめて大きな利益を出すということもできます。

仮想通貨は比較的こういった情報に素直に反応しやすいので、いかに早く有力な情報をつかみ次の展開に備えて買いか売りかを決めることが勝負の肝になっています。

イベント前後で価格が動く

仮想通貨は2017年12月末に多くの新規参入者数が増えたことで市場規模が成長し、日本だけでなく世界的に注目されることになりました。この注目度の高まりから、「仮想通貨は投機的な商品であり健全ではない」として各国の規制が強まりつつあります。G20では仮想通貨の規制を世界的に統一しようとしています。

仮想通貨の取り決めに関するニュースを聞いた際は、それがすでに価格に影響を与えているかどうかをチェックすることが重要です。**ネガティブな発表があった場合は、確定前に価格が下がってすでに影響を与えているならば、イベント後に価格は上がりやすい**と言われています。

仮想通貨の情報収集と分析

このように、仮想通貨は普段の値動きを見るだけではなく、世界の政治状況や規制に対する動きなども常に調査する必要があります。このこ

初心者にオススメの情報サイト

seiyaがオススメする情報サイトのURLと特徴

サイト名	URL	特徴
CoinOtaku	https://coinotaku.com/	東大生が初心者にもわかりやすく仮想通貨の仕組みを解説している。ユーザーが投稿したニュースやイベントの真偽や注目度が投票数によってわかるカレンダーサービスも提供している
CoinPost	https://coinpost.jp/	仮想通貨・ブロックチェーンの総合情報サイト。国内だけではなく海外のニュースや著名な方へのインタビュー記事も配信している
Cointelegraph	https://jp.cointelegraph.com/	世界でも有数の仮想通貨メディアの日本支部。解説動画やニュース動画も配信している
Coin Choice	https://coinchoice.net/	仮想通貨に投資したい人のための総合情報サイト。現在のレートでの計算ツールなども提供している
BTCN	https://btcnews.jp/	仮想通貨・ブロックチェーンの総合情報サイト。仮想通貨価格に対する考察記事があり、初心者にもわかりやすい

自分にとって使いやすい
情報サイトを見つけよう！

Point

特に、仮想通貨のイベントや国の規制状況は毎日チェックしよう！

とを知らずに取引をしていると、順調に利益を出していたのに突然大きな暴落に巻き込まれ、予想を通り越した損失を出してしまいかねません。順調に利益を出していきたいのであれば、**必ず購入予定または購入した仮想通貨の最新情報は追うようにしましょう**。

　情報収集は、ニュースやツイッターなどで話題になっているものをピックアップします。そして、調べた情報が相場にすでに影響を与えているかどうかを確認するという手順で分析します。

　特定のサイトの情報を分析するよりは注目が集まっているイベントやニュースを探し、情報源のデータをチェックしてから分析を行うのが有効です。

11

仮想通貨投資ではSNS情報にも注意しよう

年々フェイスブックやツイッターなどのSNSで情報発信をする方が増え、長年専業で投資をしているようなプロフェッショナルな方も利用するようになりました。

SNSはプロの意見を手軽に聞ける場所

私は仮想通貨の情報収集をニュースサイトとSNS、主にツイッターで行っています。

ツイッターでは何年も仮想通貨の取引をしている方や、仮想通貨関連の仕事をしている方も非常に多くいます。長年仮想通貨に触れている方から自分の意見を含め、仮想通貨の技術的部分や、今後の仮想通貨市場の展開予測などを無料で聞ける場所はなかなかありません。

また、SNSの情報はリアルタイムで発信更新されています。そのため、マスメディアが発表する情報よりも早いケースが多いので、SNSでの情報収集はオススメです。

特にツイッターではフォロワーが多い方の発言によって仮想通貨の価格が動くこともあります。仮想通貨に関連する重要人物のツイッターでの発言によってビットコインが暴落したこともあり、今やSNSは投資をする上で必須アイテムと言っても過言ではありません。

本章8項でも説明した通り、あくまで他人の意見は情報の1つとして把握しておき、さまざまな情報と組み合わせて最終的に自分で価格は予想するようにしましょう。非公式な情報を鵜呑みにして投資すると大怪我につながることもありますので、「投資は自分の予測に基づいて行う」ということだけは心に留めておいてください。

ツイッターは要チェック!

プロのトレーダーや専門家の意見でチェックすべきこと

仮想通貨の技術的な解説や見解

○○○○○○ @○○○○○○○○ 3h
大手銀行でリップル（XRP）の技術を利用した手数料無料の送金サービスの開始が発表されました！ リップルの技術は、金融機関との相性が良いですからね。

市場の展開分析や予測

○○○○○○ @○○○○○○○○ 1h
今年の仮想通貨の価格と、関連するイベントと 2019年の注目イベントをまとめたよ。
リンク⇒ matome/rink...

価格の予測

○○○○○○ @○○○○○○○○ 5h
ビットコイン相場が昨日と比べ 1.1％の下落。今夜にかけて山場か。安値更新の可能性が高い。

専門家の意見で
価格が動くことも
あるよ

初心者にオススメのツイッターアカウント

サイト名	URL	特徴
ポイン♨ 仮装通貨 ハイパーニート （@poipoikunpoi）	https://twitter.com/poipoikunpoi	フォロワー４万人超え。ポイン氏は積極的にミートアップに参加したり、海外までICOプロジェクトの実態を確認に行ったりと、アクティブに活動している。投資するコインで悩んでいる方は必見
CryptoSnack （@cryptosnack）	https://twitter.com/cryptosnack	BOTのようなアカウントだが、上位通貨の前日比を画像でツイートしてくれる。どのコインが強いのかを一目で判断できるので重宝する
Crypto_Shogun （@crypto_shogun）	https://twitter.com/crypto_shogun	専門的な用語やビットコインFXについてのツイートが多いので、最初は何を言ってるのかわかりづらいかもしれない。しかし、理解できるようになると相場について考える力が身に着くはずだ
墨汁うまい （Bokujyuumai） （@bokujyuumai）	https://twitter.com/bokujyuumai	仮想通貨の報道や取引所の情報をスピーディーにつぶやいてくれる。特にビットコイン、イーサリアムについての情報収集には欠かせないアカウント

Point

たとえ専門家でも他人の意見は鵜呑みにせず、必ず自分で調べよう

12 誰でも簡単に稼げるタイミングが月に数回はある

　初心者の方にありがちなのが、相場の状態が良くないのに無理して毎日トレードをしようとすることです。ただ、毎日トレードをすることは相場を勉強するためには良い経験になるので、一度は経験しておくべきだと考えています。

　私もはじめたばかりのころは毎日毎日必死になってアルトコインのトレードをしていましたが、その経験から今は別の手法に切り替えました。FXもアルトコイントレードも、誰でも簡単に稼げるタイミングが月に数回はあるのです。このタイミングだけのトレードでも十分稼げますから、**トータルで負けている人はこのタイミングを見極めることに力を注いだほうが良い**でしょう。

儲かっていない人の3つの共通点

　トレードで負けている方に共通していると感じた点が3つあります。

　相場の値動きが良くない状況なのに無理にトレードを何度も行おうとしている、自分に合わない無理な金額でトレードしている、経験が少ないのに難しい相場で大きく賭けてしまっていることです。

　このような方は完全に投資ではなくギャンブルをしてしまっている可能性が高いです。**大金を賭けるのは技術が伴ってからでも遅くありませんし、難しい相場で勝つことが素晴らしいわけではありません。**まずはコツコツ利益が出せるようになることを心がけましょう。

　投資は誰かにアピールするためにするものではなく、資産を増やすための自分との孤独な戦いです。難しい相場で勝つことよりも、「簡単な相場でいかに稼ぐか」に注力したほうが結果的に資金は増えるのです。

初心者の投資でのNGパターン

✕ 1日に何度も売り買いを行う

➡ 決済後すぐに注文したり、1日に10回以上注文したりする人は要注意！

上がったから、すぐ売ろう！
あ、下がった。もう一回買おう！

✕ 身の丈に合わない金額を投資する

➡ はじめのうちは、数千円程度でトレードしよう

生活費を削れば
10万円くらい
買えるから……

✕ 難しい相場でチャレンジする

➡ 自分が見たことのある値動きのパターン以外で勝負してはダメ！

かなり上がっているから、
今買えば儲かるかな？

Point

投資金額とタイミングが自分に合っているか確かめて行おう

13 暴落しても焦らない。仮想通貨市場はまだまだ成長期

数年単位の値動きを見ることをオススメします。ビットコインは長期保有になっても良いので上昇したところで売ろうと思って買う方法（ロングポジション）なら、基本的に誰でも勝てる状態です。例えば、バブル崩壊後の2018年半年間で見ると下落相場でも、その2、3年前の価格と比較すると価格は何倍にもなっています。

つまり、**ビットコインの下落時にロングポジションを取れば勝率はさらに高くなり、大きな金額を稼げる**ということです。2018年の暴落レベルではなく、月に数回訪れるレベルの下落時にロングポジションを取れば十分稼げます。これが誰でも勝てるタイミングです。

成長期はビットコインだけ？

仮想通貨市場全体が今後盛り上がっていくにつれて、他の仮想通貨も将来性のあるものはどんどん価格が上がっていくはずです。例えば、2017年の上昇相場で数百倍に価格が上昇した仮想通貨もあったほどです。仮想通貨市場の上昇・下落の大きな流れは、ニュースやSNSを読んでいればつかめてくると思います。

初心者の方には空売り（ショート）はオススメしませんので、**基本的には買いで注文を入れること**（ロング）でチャレンジしてみてください。ただし、下落がずっと続いているときに流れに逆らってロングをすることは控えたほうが良いです。

どのような時間軸でトレードしているかにもよりますが、数年単位で保有することを前提に仮想通貨を持っていれば、短期的な暴落などの値動きに惑わされることなく、利益を手にすることができるはずです。

短期的に売買するか、長期的に持つか

短期的に見たビットコイン相場（2018年）

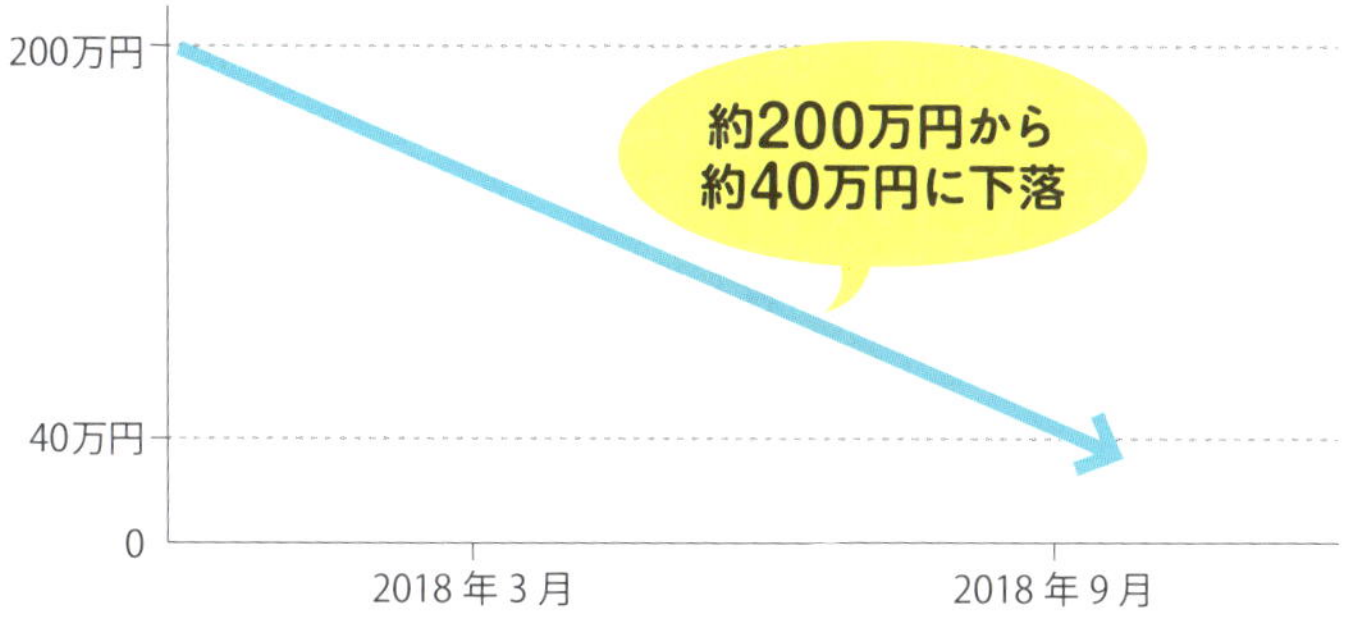

長期的に見たビットコイン相場（2015年～2018年）

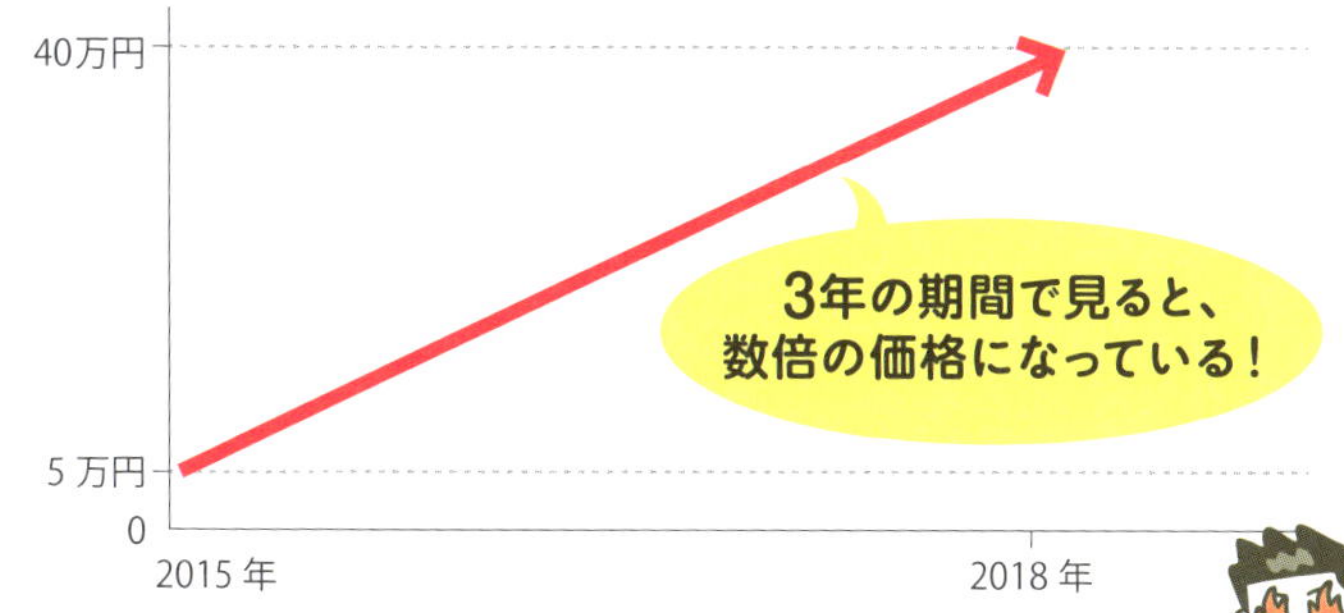

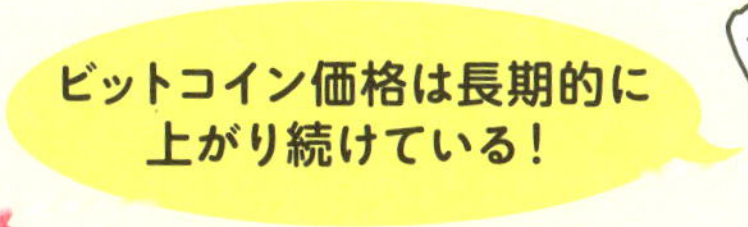

Point

**仮想通貨は将来性に投資して、
長期で持つのもオススメ**

14 海外の値動きは絶対に確認しておこう

仮想通貨投資をする上で仮想通貨の海外の通貨建てでの値動きに関しては必ず確認するようにしましょう。これはSNSの情報収集と同じように行う確認事項です。

海外で主に確認すべき値動きは、アメリカのドル、韓国のウォンの2つです。この2つの通貨と日本円を合わせると仮想通貨の取引量の33%以上を占めています＊。

韓国ウォンは、国内で税金がかからないことからか、日本円よりも10%以上高い価格でビットコインが取引されていることもありました。**韓国ウォンは独立した値動きをする**ので、米ドルと人民元の値動きをメインに日本円と比べて確認しましょう。特に**アメリカは価格が先行しやすく、暴落の発端になることも多い**です。ビットコイン価格が米ドルで急落するようなことがあれば、損害が出ることも多いので、すぐさま損切りなどをしたほうが良い傾向にあります。

毎朝行うべき 3つの国内外の情報収集

このようにして、世界中で24時間取引ができるということは、便利な反面、確認するべき事項が多くて最初は大変かもしれません。しかし、海外の情報も含めて、毎日次の3つの情報だけは確認する習慣をつけましょう。

①ニュースやチャートなどで仮想通貨の情報を毎日確認する、②SNSで注目度の高い情報を収集する、③各国の通貨の値動きを確認する。

この3つを私は毎朝起きてから行い、今日はトレードするべきか、トレードしないべきかということを判断した上で戦略を立てています。

＊出典:Bitcoin日本語情報サイト
https://jpbitcoin.com/market/volume

海外の仮想通貨情報の見方

仮想通貨の取引量と価格をチェックしよう

通貨別の仮想通貨取引量と価格(2019年1月9日時点)

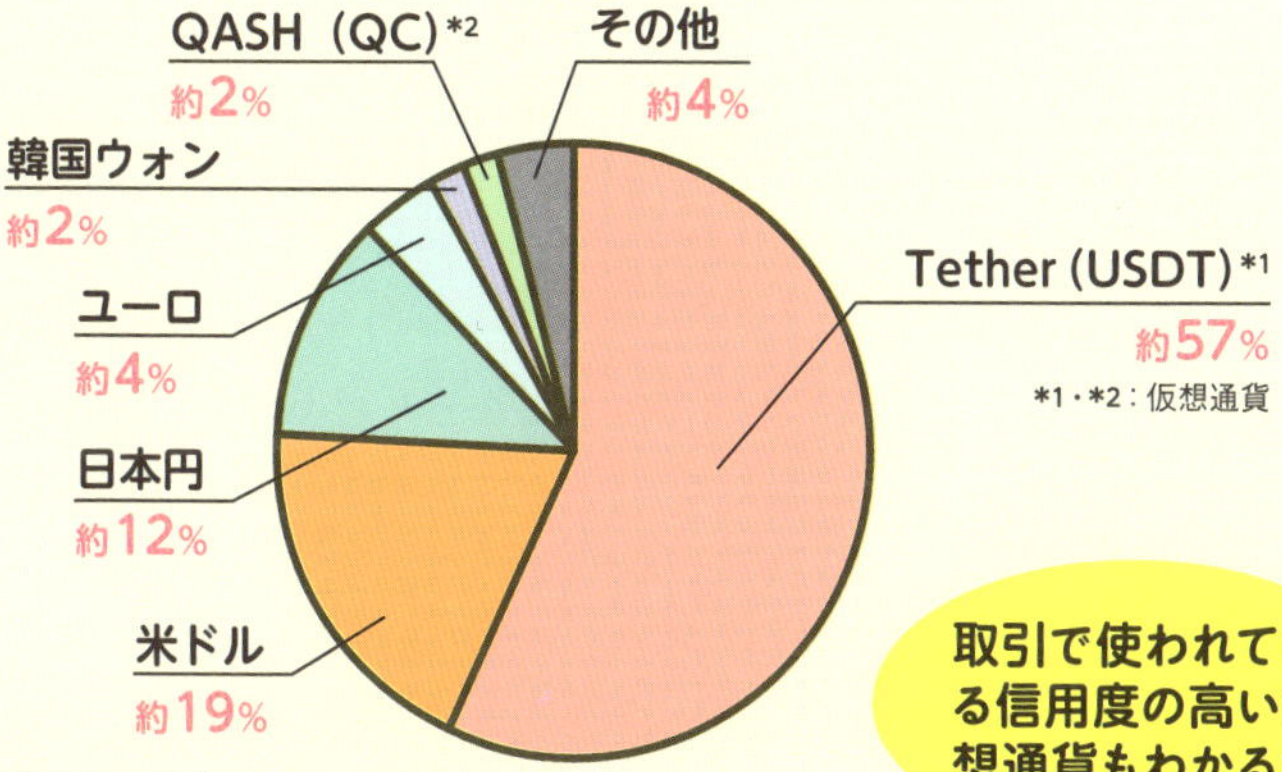

出所：CryptoCompare
https://www.cryptocompare.com/coins/btc/analysis/USD

1USDT	＝約0.0002516BTC
1米ドル	＝約0.0002505BTC
1円	＝約0.0000023BTC
1ユーロ	＝約0.0002871BTC
1韓国ウォン	＝約0.0000002BTC
1QC	＝約0.0000247BTC

出所：CoinGecko
https://www.coingecko.com/ja

- 安定して上位に入ってくるのは米ドルと日本円、韓国ウォン
- 仮想通貨の価格が突出している国があると、その国の値動きに近い値動きをすることもある

Point

特にアメリカ・韓国の仮想通貨の値動きは要チェック！

COLUMN

「相場は相場に聞け」

チャートと一日中にらめっこしていても、次の1時間でどう動くかがなかなか最初はわからないですよね。しかも予想を立ててみても、自分の考えている通りにはなかなか動いてくれないものです。

「理屈としては価格が上がるはずだから」と予想しても上がらない例がたくさんあるため、「相場は生き物」と言われているのです。

そんな状況の中で、自分がよく考えて出した予想だからといって、その予想にこだわりすぎると大きな損失を出すことにつながりかねません。そのようなときに冷静さを保つために、「相場は相場に聞け」という格言が存在するのです。「自分の予想にこだわりすぎるのではなくて、相場に素直に従って損切りや利確をしていきなさい」という教えです。

例えば、このような格言に従ったトレードの方法として、「打診買い」というものがあります。これは、自分で「これから相場が上昇傾向に行くのではないか」と思ったときにいきなり大量に買い注文を入れるのではなく、少しだけ買い注文を入れて今後の動きを注視するという方法です。その後、予想通り大きく動きそうだと思ったら、追加で注文を入れていきます。逆に自分の予想と違うと感じたら、すぐに損切りします。このようにすると、仮に自分の判断が誤りだった場合に損失を最小限に抑えることができます。一方、上昇した場合にも全く流れに乗れないといった事態を避けることができるのです。

「相場は相場に聞け」という格言が表しているように、柔軟な投資戦略を練っていきましょう。

CHAPTER 4

第4章

仮想通貨を安全に管理しよう

01 仮想通貨投資にセキュリティは欠かせない

投資にリスクはつきもの

ハッキング事件があったり、詐欺の材料として仮想通貨が使われたり、仮想通貨投資に危険な部分がないとは言えません。

ただ仮想通貨投資の危険性は、株式やＦＸと比べて高いわけではありません。私は、仮想通貨に向き合って投資をしている中で、人が大きく関わる株式のほうが会社の倒産などで危険度が高いと感じることもあります。その反面、仮想通貨は管理者もいませんし、世界中の人が購入している状況です。私は一時的な著しい価格上昇に対しての危険は感じても、仮想通貨自体に危険を感じてはいません。以前は1万円ほどだったビットコインが1年後に何十倍にもなるなど、市場成長の速さから「仮想通貨市場はバブルだ」という前提で仮想通貨投資は危ないと言われているように思います。

リスクを減らすためにセキュリティが必要

どんな投資であってもリスクを負うことが絶対に必要になります。購入した株の会社が倒産した場合、その時点で自分の資金はなくなるわけです。**「株であれば安全」「為替であれば円やドルがあるから安全」ということはあり得ません。**投資である以上、必ずリスクを背負った上でお金を費やすわけですから、仮想通貨であろうが株であろうがＦＸであろうが投資に危険はつきものです。

だからこそ、リスク対策はもちろん必要です。本章では、皆さんの資産を守るためのパスワードの管理、ウォレットの管理などのセキュリティまわりを説明していきます。

セキュリティ対策が必要な理由

仮想通貨投資のリスク

取引所の倒産

取引所

株式と同様に
倒産リスクはあるが、
価格への直接的な
影響はない

ハッキング

取引所

ハッカーによって
取引所に預けている
資産が盗まれる
可能性がある

取引所にコインを置いておくと
リスクが高まる

↓

資産を守るにはパスワードの管理、
ウォレットの管理が必要！

Point

**投資をする以上、自分の資産は
自分で責任を持って守ろう**

02 仮想通貨の管理方法とは？

仮想通貨の置き場所は、**ウォレットと呼ばれる財布と、取引所の2つ**で、両方とも併用することが多いです。

例えばビットコインで買い物をしたいという場合は、スマートフォンでダウンロードしたウォレットにビットコインを送っておく必要があります。もしくは、その取引所のスマートフォンアプリを使えば取引所に置いてあるビットコインで買い物することもできます。また、買っていた仮想通貨の利益を確定（利確）したいときはウォレットから取引所に送金し、利確する必要があります。

取引所に普段から保管しておくのは危険

取引所のセキュリティはかなり高度で保障をしてくれるところもありますが、買い物や取引のとき以外で**インターネットにつながった取引所に資産を保管するというのは危険**です。

一番安全なのは、USBのようなかたちのハードウェアウォレットと呼ばれる有料の財布です（本章03項）。これはアマゾンなどで、簡単に購入することが可能です。セキュリティの面から、必ず新品を買ってください。

その他のウォレットに関しては基本的に無料で作成することができますが、理解がないままに作成して送金ミスをして、仮想通貨が消滅してしまった……ということもあり得ますので注意が必要です。仮想通貨投資をする上でウォレットは非常に重要なものになってきます。最初は管理方法に戸惑いますが、実際に使ってみればウォレットの扱いは難しいものではありませんから安心してください。

仮想通貨を保管する主な方法

オフラインのウォレットに保管する

PCのデスクトップやスマホにアプリをダウンロードしてオフラインで保管するのが安全。USBメモリのような形式で保管できるハードウェアウォレットもある

取引所に置いておく

売買する際は取引所に資金を入れる必要がある。買い物する場合もQRコードなどで簡単に支払いができるので便利。ただし、Webに接続されるアプリや取引所などでの保管は危険！

オフラインのウォレットでの保管が基本！

ウォレットを使う前に知っておくべきこと

- 取引所やコインによっては、自分のウォレットへの入金であっても手数料がかかる
- ハードウェアウォレットを接続するPCなどにはウイルス対策ソフトを入れておく
- 公衆Wi-Fiを使ってウォレットに接続する場合は、VPN接続が必須
- インターネット上のウォレットにアクセスする場合は、グーグル・クロームのシークレットウィンドウ推奨

Point

取引や買い物をするとき以外は、オフラインの環境で保管しよう

03 安全に保管できるウォレットについて知ろう

ハードウェアウォレットが安全な理由

仮想通貨の保管で最も安全なのは、ハードウェアウォレットです。まず、ネット上にあるウォレットはセキュリティを非常に頑丈にしていてもハッキングの被害に遭う可能性があります。また、デスクトップ上のウォレットに関してはバックアップを取っていない状態でパソコンが壊れてしまった場合に復元できずにそのまま資産を失ってしまう可能性があります。ペーパーウォレットに関しては、経年劣化や盗難リスクが高いです。ハードウェアウォレットであればこれを回避することができます。**ハッキングの被害にも遭いませんし、万が一パソコンが壊れたとしても別のパソコンで起動すれば資産を取り出すことが可能になります。**ネット上のウォレットに関して言えば、過去に何度もハッキング被害が起きているので、できる限りハードウェアウォレットを購入することを私は推奨します。特にビットコイン以外の仮想通貨にも対応しているレジャーナノSが有名で、私も利用して仮想通貨を保管しています。

取引所に資産を置きっぱなしにしているという方も非常に多いですが、取引所に置いてある資産というのは自分の資産ではなくまだ取引所の資産です（出金に時間がかかることもあります）。ウォレットに送金してブロックチェーン上に乗せることではじめて自分の保有する資産になったと思うべきでしょう。

ハードウェアウォレットは費用がかかって嫌だという方は、デスクトップウォレットかペーパーウォレットのどちらかを利用してみましょう。

安全なウォレットの選び方

ウォレットの安全性と利便性の比較表

No.	ウォレットの種類	概要	安全性	利便性
1	ハードウェアウォレット 	資産にアクセスするための秘密鍵をオフラインで管理するUSBメモリのようにPCに接続して使用するウォレット	ネットを経由せずに保管できるので最も安全性が高い。万が一ハードウェアウォレットが壊れても復元が可能	保管できるコインの種類が多い。スマホやiPadで使用できないため、支払いやウォレットへの入金の際にはPCに繋がなくてはならない。長期での保管にオススメ
2	ペーパーウォレット 	秘密鍵を印刷して管理する紙のウォレット。QRコードを専用アプリで読み込めば保管したいコインをペーパーウォレットに入金できる。長期的な保管にオススメ	紙で保管できるので、ハッキングのリスクからは解放されるが、紙の劣化でQRコードが読み取れなくなるリスクがある	支払いにはスマホかPCが必要で、1枚につき1種類のコインしか入らないので、頻繁にコインの出し入れをする人には向いていない
3	デスクトップウォレット 	ソフトウェアをPCにダウンロードして、PC端末で資産を保管するウォレット	PCが壊れてバックアップを取っていない場合に、資産を失ってしまう可能性がある	コインを持ち運ぶためにはPCを持ち歩かなければいけない上、決済や送金に使いづらい。PCの容量もたくさん必要になる
4	モバイルウォレット 	スマートフォンなどの携帯端末に紐付き、常にオンラインで管理するウォレット	ネット上で管理するため、4つの中でハッキングのリスクが最も高い。ただし、秘密鍵はサービスのサーバー上ではなく端末で管理されるので、取引所のウォレットやウェブウォレットよりはハッキングリスクは低い	アプリなどで入金・送金が簡単に素早くできる。また、持ち運びしやすいので送金や決済で活躍する

※ウェブウォレットや取引所のウォレットの安全性は、
サービスを提供する運営会社によるので、本書では紹介しない

Point

取引所からハードウォレットへのコインの移動など、入出金には手数料が発生する場合があるので要注意！

04 セキュリティを万全にしよう

ビットコインを含め、仮想通貨は全てネット上で取引されています。つまり、常にハッキングなどのリスクを伴っているということを忘れてはいけません。しかし、しっかりとセキュリティを設定し管理を徹底していれば、ハッキング被害に遭うということはほとんどあり得ないと言っても過言ではないでしょう。

私が今まで見てきた中でハッキングに遭った方というのは、取引所が推奨しているセキュリティ設定をしていなかったり、パスワードが使い回しのものだったりというケースです。セキュリティを設定した上でハッキング被害に遭ったというケースはまだ見たことがありません。

絶対に設定すべき「2段階認証」

仮想通貨投資に必須になるセキュリティが2段階認証というものです。これはグーグルが提供するGメールのセキュリティ管理にも設定可能ですが、**アカウントにログインする際にアプリに表示された6桁の数字を入力する**ことではじめてログインが可能になるというものです。30秒ごとにランダムな6桁の数字が表示される上に、アプリの入っている端末でしかその数字は見ることができないので、この2段階認証をハッカーが突破することはほとんど不可能です。実際にコインチェックなどの取引所は、2段階認証を設定した上でハッキングの被害にあった場合には100万円を保証することを発表しています。取引所も推奨しているようなセキュリティの管理方法です。また、ログインパスワードに関しても記号を含め20文字以上に設定して複雑なものにするなど徹底的にリスク管理しましょう。

2段階認証の2ステップ設定

用意するもの ・スマートフォン　・PC

① スマートフォンにアプリをダウンロード

アプリ名 Google Authenticator
URL https://support.google.com/accounts/answer/1066447?hl=en&co=GENIE.Platform

アプリ名 IIJ SmartKey
URL https://www.iij.ad.jp/smartkey/

アプリ名 Authy
URL https://authy.com/download/

② 利用している取引所で設定する

GMOコインの場合

「口座情報」欄の「セキュリティ」をクリック

↓

「2段階認証」をクリック

↓

「認証方法を設定する」欄から利用した①のアプリを選択

→

PCに表示されたQRコードをスマートフォンの2段階認証アプリで読み取る

スマートフォンに表示された6桁を入力

完了

Point

2段階認証の設定をしているユーザーだけに、ハッキング被害の補償をしている取引所もあるよ

05 資産はアプリで管理できる

数種類の仮想通貨を買うようになると、自分がどれだけの資産を保有しているのか、日本円で現在いくらになっているのかを把握するのが大変になってきます。

そのときに重宝するのが、ポートフォリオ管理アプリです。ポートフォリオとは、自分が持っている資産の割合などを意味しています。このポートフォリオ管理アプリに自分の保有通貨を入力していけば、**資産の割合を把握することができます**。いつの間にかアルトコインを持ちすぎていた……ということもなくなります。最近は各取引所に置いてある資産も取引所と連携することで簡単に把握できるアプリも開発されていますし、非常に充実しています。

日本初のポートフォリオ管理アプリがオススメ

特にオススメなのが日本発祥のポートフォリオ管理アプリのクリプトフォリオです。仮想通貨開発はもともと海外が進んでおり、資産管理アプリは海外製のものがほとんどでした。しかし、このクリプトフォリオは日本の企業が開発しているため、**全て日本語対応で日本人が使いやすい設計になっています**。また、資産管理だけでなく、リアルタイムで仮想通貨の価格変動が確認できるように、スマートフォンウィジェットに設定できるようになっているなど、初心者向けに設計されています。

資産管理のコツとしては、やはりいろんな種類を買いすぎないことが大切です。それぞれの通貨の価格がいくらなのか、それぞれの通貨に対してどんなニュースが流れているか、把握しきれる量で管理しておきましょう。

ポートフォリオ管理アプリの使い方

ポートフォリオ管理アプリは便利!

数種類のコインを持っていると……

持っているコインの情報を追うのが大変

現在の資産を把握しづらい

➡ ポートフォリオ管理アプリで解決!

ポートフォリオ管理アプリの見方(クリプトフォリオ)

保有コイン、基準にしたい通貨、現在価格(自動で入力される)、取引価格(購入価格)、取引量(購入枚数)、取引日を入力し、価格の基準となる取引所を選択すると……

保有コイン／基準にしたい通貨

ETH／JPY

ここでは「イーサの価値を日本円で表示する」という意味。海外取引所を利用する場合は、ビットコインを基準にするETH／BTCを選択しよう

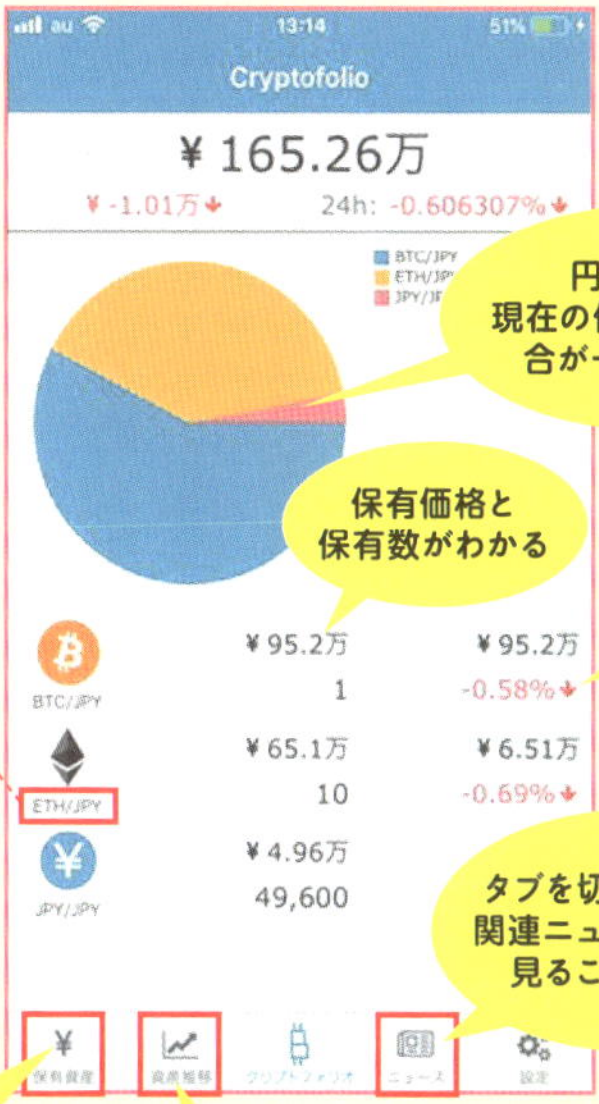

円グラフで、現在の保有コインの割合が一目でわかる

保有価格と保有数がわかる

現在の金額と変動率がわかる

タブを切り替えれば、関連ニュースやブログ見ることもできる

タブを切り替えれば、各コインのチャートが確認できる

タブを切り替えれば、1日から1年のスパンで資産の変動履歴が確認できる。通貨を追加登録すると突然跳ね上がるので、あくまで参考程度に使う

出所：クリプトフォリオ
https://cryptofolio.me/

Point

ポートフォリオを見直すためにも自分が保有しているコインは常に把握しておこう

06

送金の際は必ずアドレスを2回確認しよう

仮想通貨を送金する際には、アドレスを利用する必要があります。これは、メールアドレスではなく、仮想通貨の送金先のウォレットが持つアドレスのことです。そのアドレスを送金元に入力することで送金することができます。

間違えた宛先に送ってしまうとどうなる?

この送金の際にもし間違ったアドレスに送金してしまうと、全く見知らぬ人に仮想通貨が届いてしまい、結果的に資産がなくなったり、資産が電子の藻屑*になってしまったりします。メールアドレスと違うところは、**送ったアドレスが間違っていたときに届きませんでしたというメールは一切なく、自分で届いたかどうかを確認する必要がある**ということです。

私は以前に、海外取引所からコインチェックにビットコインを送金しようとしたときに、しっかりとアドレスを確認せずに送ってしまいました。その後、送金履歴を確認できるサイトで見たところ、全く見知らぬ人のアドレス宛に送ってしまっていたということがありました。この際送ったのはビットコイン0・2枚で、送った当時のビットコイン価格は1枚200万円でしたから日本円換算で約40万円を自分のミスで失ったことになります。

本書を読んでいる皆さんにはこのような悲しい経験をしてほしくないので、**仮想通貨を送金する際には必ずアドレスを2回チェックする**ことを徹底していただきたいのです。自己責任で購入・保管・送金などをする必要があるという点は念頭に置いた上で仮想通貨投資を行いましょう。

＊電子の藻屑……無価値なものという意

送金する場合の注意点

送金をするケース

- 自分のウォレットから相手のウォレットへの送金
- 取引所から自分のウォレットへの資産移動
- 買い物での支払い　など

送金に必要なパスワードとアドレスとは？

パスワード
秘密鍵
30〜64桁のランダムな
英数字
アドレス
口座番号のような
27〜34桁の
ランダムな
英数字
or
QRコード

送金時に相手に教えるのは？

送金者と受取人が知るのは、お互いのアドレスだけ！

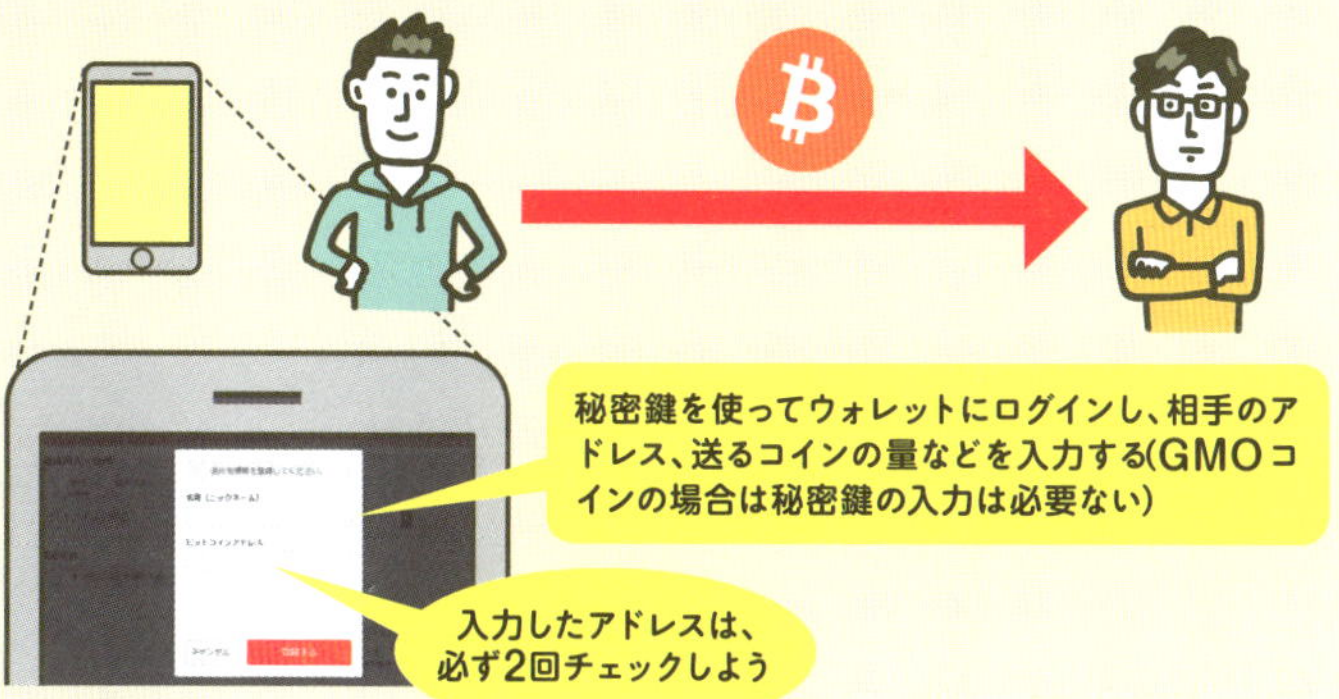
秘密鍵を使ってウォレットにログインし、相手のアドレス、送るコインの量などを入力する(GMOコインの場合は秘密鍵の入力は必要ない)
入力したアドレスは、
必ず2回チェックしよう

Point

秘密鍵は絶対に他人には教えないように！

07 取引所には少ない資産のみ置いておこう

本章3項でも解説しましたが、私が最もオススメする仮想通貨の保管方法は、ハードウェアウォレットでの保管です。**取引所での保管は、万が一倒産したときに自分の資産も一緒になくなってしまう**ということがあり得るわけです。ただでさえリスクが伴う投資をしているのに、ここでリスクを背負う必要はありません。トレードすべきタイミングが来たときに、自分のハードウェアウォレットを使って仮想通貨を取引所に送金するだけでいいわけですから、常に置いておく必要はないのです。

取引所に置いておく資産は、必要最低限にしておきましょう。

取引所とウォレットに置く資産のバランス

しかし、取引所に全く資産を置いていないというのも極端な話です。仮想通貨が急に大きな値動きをしたときに利益を取りきれず、機会を損失してしまうこともあり得ます。

そこで、**私は国内の3つの取引所にビットコインを各2枚ずつ常時置いています。**取引をするときは、私は基本的にレバレッジをかけて取引しますので、2枚を使って5倍かければ10枚単位のビットコインを動かすことが可能になります。そうすれば、利益を出す動きを取ることができます。そして利益が出たらその差分をまたハードウェアウォレットに送金し、取引所のビットコインは2枚に調整するようにしています。

これが必ずしも良い方法とは限りませんし、**自分の取引のスタイルによって置いておく枚数などは決めれば良い**と私は考えています。

できる限り預ける資産は少なくするように心がけておくと良いでしょう。

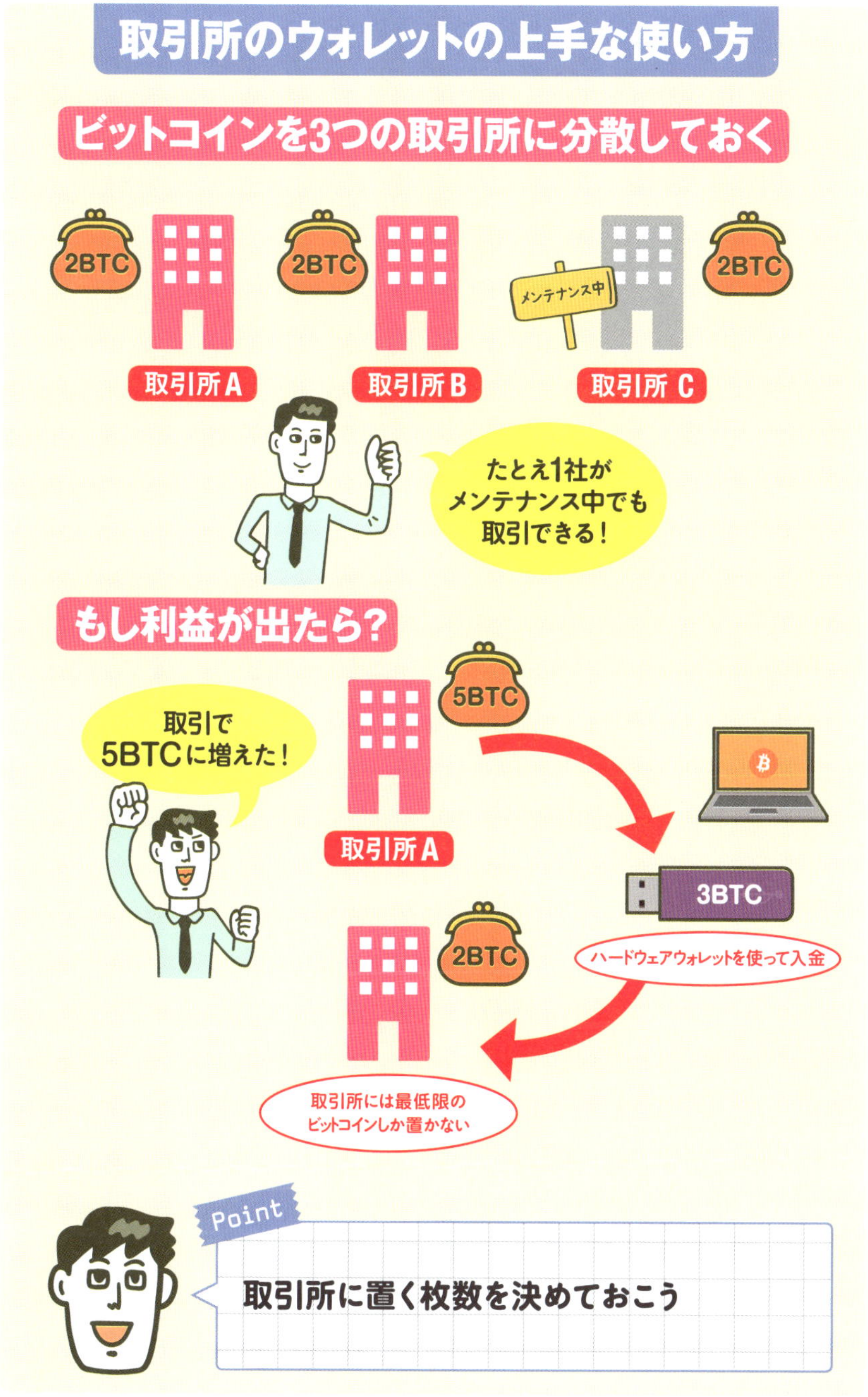
取引所のウォレットの上手な使い方
ビットコインを3つの取引所に分散しておく
2BTC
2BTC
2BTC
メンテナンス中
取引所 A
取引所 B
取引所 C
たとえ1社が
メンテナンス中でも
取引できる！
もし利益が出たら？
取引で
5BTCに増えた！
5BTC
取引所 A
3BTC
ハードウェアウォレットを使って入金
2BTC
取引所には最低限の
ビットコインしか置かない
Point
取引所に置く枚数を決めておこう

08 仮想通貨にかかる税金って？

２０１９年1月現在、仮想通貨にかかる税金は、総合課税の累進税率が適用されます。つまり、**会社員の方であれば年収に仮想通貨取引で得た利益を上乗せして税率を計算します**。

そして、仮想通貨の所得の分類は雑所得に分類されます。雑所得とは株の配当所得や一般的な給料で得る給与所得などとは違い、どの所得区分にも該当しない所得を言います。

例えば、年収が５００万円の会社員の方がビットコインの取引で30万円の利益を出したとします。その場合、５００万円＋30万円の計５３０万円に対して税金がかかります。

計算例としては、１０６万円（５３０万円×20％）から控除額の42万７５００円を引いた、63万２５００円を税金として支払うことになります。

投資をする上で、自分の総所得は必ず把握しておくことが大切です。

税金が発生するタイミング

また、購入から一度も売買や買い物をしていない場合は一切税金がかかりません。購入してから保有し続け、大きな利益になったタイミングで円に換えれば、そのタイミングでのみ税金がかかるということです。

つまり、**課税対象になるケースは、仮想通貨で発生した利益を確定するために通貨を売却したとき・仮想通貨で買い物などをしたとき**になります。

しかし、各都道府県や市町村の税務署に問い合わせるとそれぞれ回答が違うケースも多々あります。まだ対応のガイドラインが整っていないことが原因かもしれません。

ですので、納税をする際には居住地の税務署宛に確認を取ることをオススメします。

仮想通貨取引の税制

仮想通貨で税金が発生するパターン例

- 仮想通貨を売って日本円などにしたとき
- 仮想通貨で他の仮想通貨を購入したとき
- 仮想通貨で買い物（決済）したとき

① 20万円で入手した仮想通貨を50万円で売った場合

50万円（仮想通貨売却時の価格） － 20万円（仮想通貨購入時の価格） ＝ 30万円（利益）

課税対象

仮想通貨取引の税制

仮想通貨は雑所得

給与所得など他の所得と合算して課税される「総合課税」が適応される。たとえ損失が出ても、所得からは差し引けない。雑所得の区分内であれば差し引ける

所得額が20万円以下であれば確定申告の必要はない

利益30万円（雑所得）が出た場合の課税額

（500万円（年収） ＋ 30万円（利益））× 20%（雑所得税率）

－ 42万7,500円（控除額）＝ 63万2,500円

支払う税金

＊実際は、源泉徴収や控除、社会保障等が考慮される
＊2018年の雑所得税率で計算している
出所:国税庁
https://www.nta.go.jp/taxes/shiraberu/taxanswer/shotoku/2260.htm

＊本項目は国税庁の発表を基に執筆しているが、課税に関する正確な情報については、国税庁HPまたはお近くの税務署等でご確認ください
国税庁:https://www.nta.go.jp/taxes/shiraberu/taxanswer/shotoku/2260.htm

Point

仮想通貨取引所で交付される取引明細を見て、1年間で利益が出ていたら必ず確定申告をしよう

COLUMN

「人の行く裏に道あり花の山」

この格言は、「大勢の人が行く道ではなく、その裏に花の山へ続く道がある。投資家は、基本的に多くの人が考える方向に合わせて投資をしがちですが、それでは大きな利益を生むことはできません。むしろ、その逆を取りに行ったほうが利益を出せることもある」という意味です。投資の格言の中でも有名なもので、大勢の心理にとりあえず流されてトレードをしてしまう投資家の気持ちを上手く言い表しています。

もちろん、マジョリティの心理に合わせてトレードをしていて利益を出すことはできますし、そのほうが逆張り*をしない分大きな損失を抱えないで済むことも多くあります。ただ、そのときに意識すべきことは、大勢に流されてトレードしているときは、すでに後追いの状態だということです。

例えば、みんなが上がると思っているからと思って買うと、その時点でほとんどの人はすでに仕込んでいる状態なので自分は新たに注文を入れることになってしまいます。

このような状態では、さらに上がる可能性もあるものの、買いたい人が後ろに続かずにいきなり暴落するということもあり得るのです。まさに2018年のはじめのビットコインの暴落はそのような動きだったのだと思います。

相場は、いつも上がり相場、いつも下がり相場ということはなく、常にどこかにトレンドの転機があります。その転機をどのようにすればつかめるのか？　ということを常に考えるトレーダーこそが勝てるトレーダーなのです。

単に逆張りをし続けるだけではなく、要所要所で上手く多くの投資家の先を行くことが重要です。

＊逆張り……トレンドに逆らって売買すること

CHAPTER 5

第5章

仮想通貨のチャートは最低限読めればOK

01 そもそもチャートって何？

仮想通貨の価格ってどうやって決まるの？

仮想通貨の価格は需要と供給のバランスによって変動していきます。投資をするなら必ず見ることになるチャートとは、その「価格（価値）の変動を示すグラフ」のことです。

「需要と供給のバランスで価格が変動」と言ってもなんだかわかりづらいので、ちょっと簡単な例を挙げてみましょう。例えば、定価で1本120円のコーラがあったとします。そして、あなたはこのコーラを売って生計を立てる商人です。このとき、利益を出すためにはどうすれば良いでしょうか？　答えは簡単で「欲しがっている人に高値で売れば良い」のです。本当にそれを欲している人であれば、「200円出してもいいからほしい！」と言って買ってくれるはずです。それは机上の空論だと言う人もいるかもしれませんが、現に自動販売機では、本来100円ぐらいで買えるものを150円や200円で売っていますよね。

仮想通貨も同じで、「買いたい人の注文の総量（需要）」が「売りたい人の注文の総量（供給）」よりも多ければ高値で取引され、逆に「売りたい人（供給）」が「買いたい人（需要）」よりも多ければ安値で叩き売られます。

チャートはどこで見られるの？

チャートは、取引所でも見られますし、専用のアプリもたくさんあります。一般的にチャートには移動平均線や自分で線を引けるなどのさまざまな分析機能があるので、取引所のチャートが合わないと感じたら、自分で使いやすいものを探しましょう。

チャートを読む前に知るべきこと

仮想通貨の価格を左右するもの

仮想通貨の価格は、需要と供給のバランスで決まる!
たとえるなら、定価120円のジュースと同じ

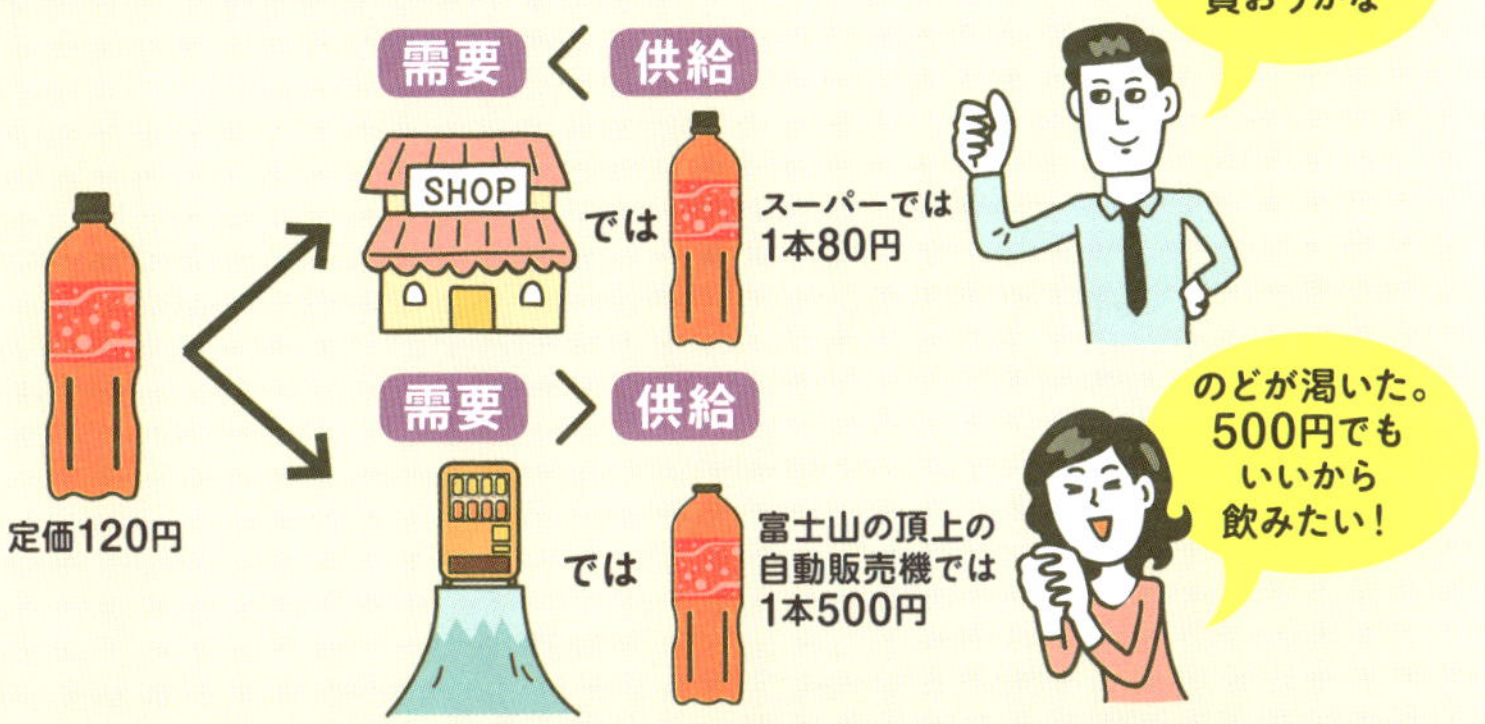
80円なら
買おうかな

➡ **ジュースの例では、立地が需要と供給に影響を与えているが、仮想通貨の場合は、仮想通貨関連のニュース、取引所の情報、著名人の発言、国による仮想通貨への対応などが影響を与える**

チャートとは?

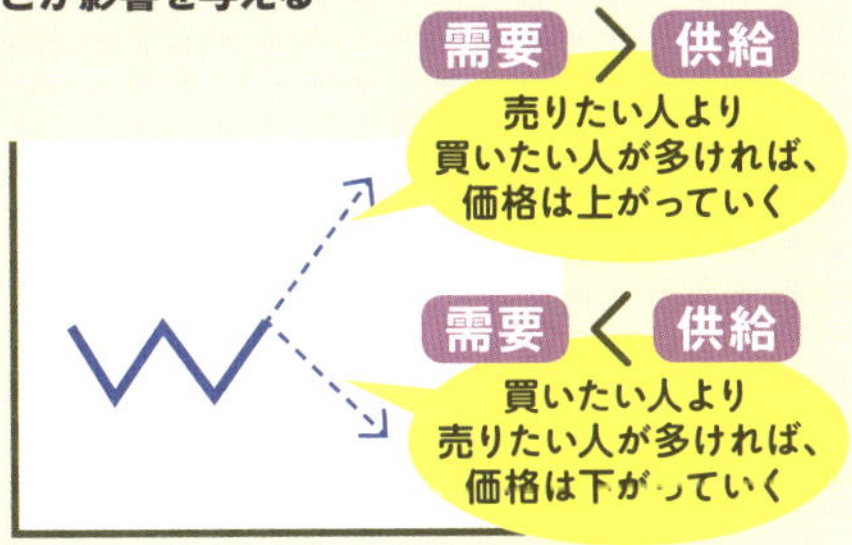

➡ **チャートとは、需要と供給で変動する価格を表したグラフ**

チャートの役割

- 現在の価格が割安か割高かを判断するために使用する
- 過去と現在の価格を比べて将来の価格を予測するのに使用する　など

Point

チャートは、いつ買うのか、
いつ売るのかを判断するためのツールだよ

02 基本中の基本、ローソク足を知っておこう

では、このチャートはどのようにして描かれているのでしょうか？「ローソク足によるチャート」のように、折れ線グラフではなく、1本1本の棒が値動きを描写しています。この棒こそが「ローソク足」です。**ローソク足は、「一定期間の値動き」を示しており、その期間は1分、5分、15分、30分とそれぞれ自由に選択することが可能です。**例えば、12本のローソク足を5分に設定すれば、ここ1時間の値動き（5分×12本＝1時間）を確認することができますよね。

ローソク足にはさまざまな情報が！

初心者の方からすると、ローソク足は「ただ値動きを描写しているだけ」にも見えます。しかし、1本1本にさまざまな情報が詰まっているのです。「陽線と陰線」のようにローソク足にも2種類あり、①を「陽線」、②を「陰線」と呼びます。**陽線はその期間中に価格が上昇した場合に表示され、陰線はその逆です。**5分足に設定していた場合、その5分間で価格が上昇したら陽線になるわけです。逆にその5分間で価格が下落した場合には陰線になります。

始値と終値はそれぞれ名前の通り、そのローソク足の始めの価格、終わりの価格であり、その始値と終値の差がローソク足の「胴体」となります。つまり、この**胴体が大きければ「その期間中に大きな値動きがあった」、逆に小さければ「あまり値動きがなかった」ということになります。**ローソク足のかたちの1つひとつがどのような意味を持つのか、現状の値動きを知り、予測する上で必ず必要になるので、覚えておきましょう。

ローソク足に詰まっている情報

ローソク足によるチャート

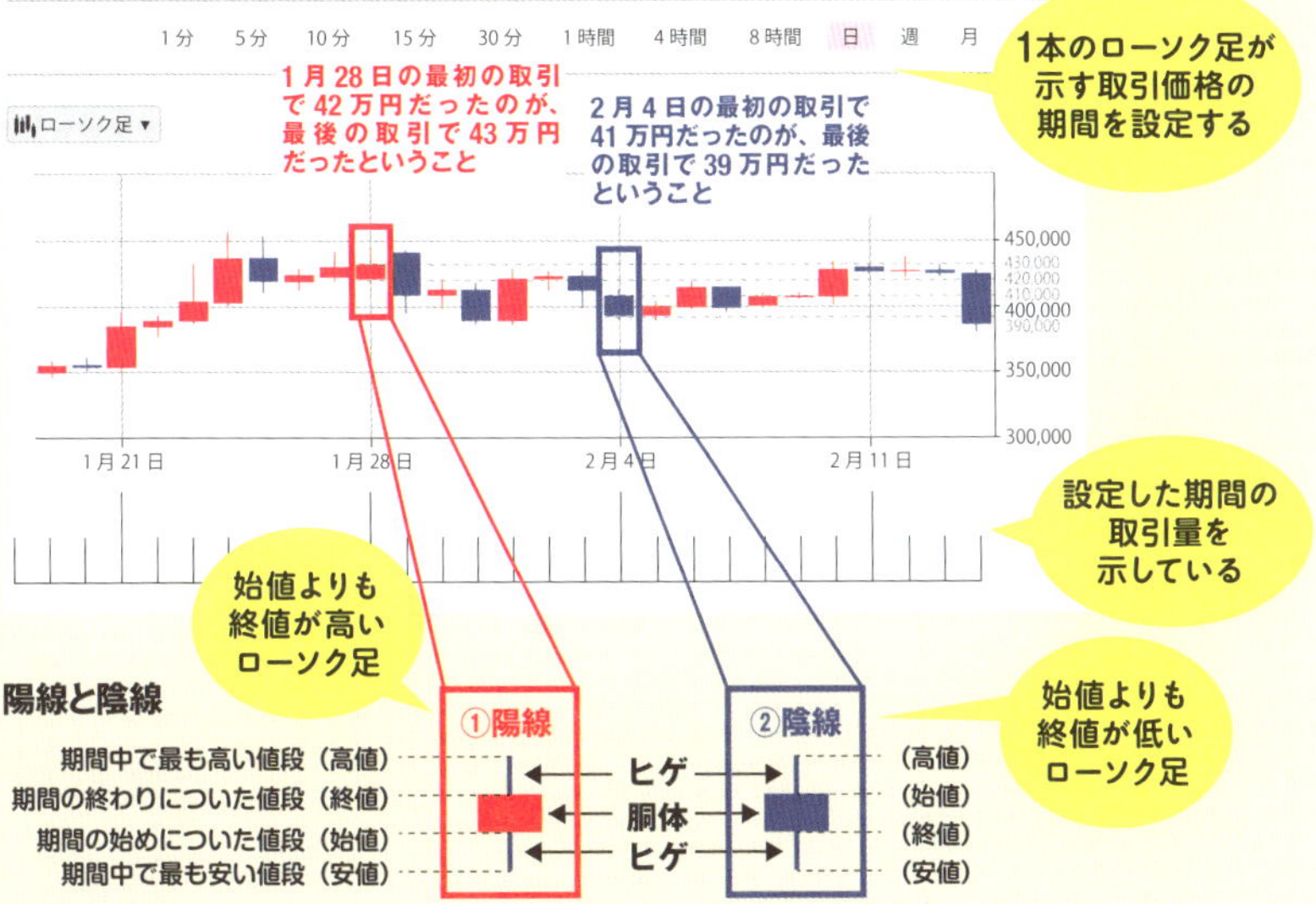

注目すべきローソク足の主な種類

上ヒゲ	下ヒゲ	ヒゲのない胴体が長い陽線	ヒゲのない胴体が長い陰線	十字架
一時的に高値がついたがその後下がったときに、上部のヒゲが長くなる	一時的に安値がついたがその後上がったときに、下部のヒゲが長くなる	期間中、価格が上がり続けたときに、ヒゲのない陽線になる	期間中、価格が下がり続けたときに、ヒゲのない陰線になる	始値と終値が同じときに十字架のようなかたちになる
特徴　売り手が多くなっているということなので、価格が下がっていく可能性が高い	**特徴**　買い手が多くなっているということなので、価格が上がっていく可能性が高い	**特徴**　高くても買いたいと思っている買い手が多いということなので、価格が上がっていく可能性が高い	**特徴**　安くても売りたいと思っている売り手が多いということなので、価格が上がっていく可能性が高い	**特徴**　売り手と買い手が同じような価格で競り合っているので、これまでと反対に動く可能性が高い

Point

ヒゲや胴体が長いほど、期間中に大きな値動きがあったということだよ

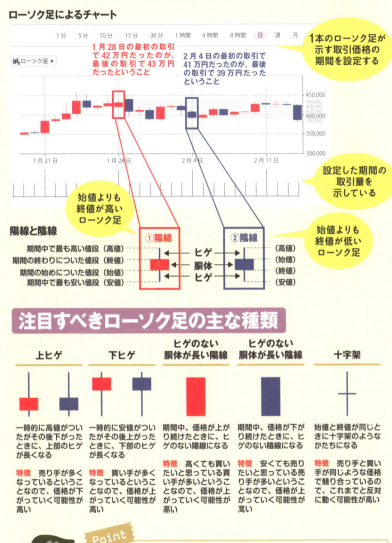

03 トレンドを理解して投資戦略を立てよう

本章1項で「需要と供給のバランスにより価格が変動する」と解説しましたが、買いが集まれば価格は高騰し、逆に売りが集まれば価格は暴落します。相場における「トレンド」とは、こうした売買によって形成される山と谷を意味します。

大きなトレンドは3種類

そしてこの**トレンドは大きく分けて、上昇トレンド、下降トレンド、レンジ（ボックストレンド）の3種類に分類されます**。

それぞれ過去のチャートや具体的な定義も踏まえて解説していきましょう。

上昇トレンドとは、価格が右肩上がりに上昇している相場を意味します。しかし、具体的にはダウ理論によって「直近安値と直近高値よりも上の価格に更新している状態」と定義されています。下降トレンドとは、価格が右肩下がりに下降している相場を意味します。定義としては、「直近安値と直近高値よりも下の価格に更新している状態」と定義されています。レンジ（ボックストレンド）とは、上記のどちらにも当てはまらない相場を意味します。

こうしたトレンドの種類や定義を知っているだけで、現状の相場がどういう状況なのか？　また、ここからどういった推移をしていくのか？　という予想や戦略が立てやすくなりますから、必ず覚えておくようにしましょう。

基本的には、トレンドに沿った投資戦略を立てるのがオススメです。慣れてきたら、トレンド転換を予想した投資戦略やレンジで細かく値動きに合わせて決済する戦略などにチャレンジしてみても良いでしょう。

チャートでわかる値動きのトレンド

上昇トレンド

これからも上がっていく
可能性が高い

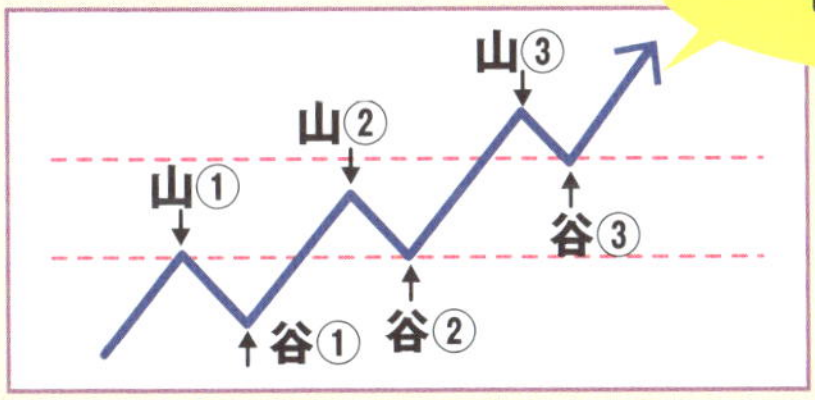

見極め方　山①、山②、山③のように、山（高値）が前の山よりも高い位置にあり、かつ、谷（安値）も前の谷よりも高い位置にある状況

下降トレンド

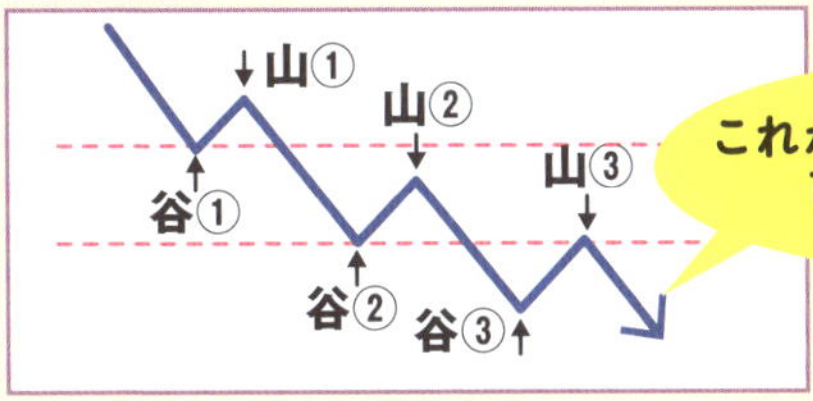

これからも下がっていく
可能性が高い

見極め方　山①、山②、山③のように、山が前の山よりも低い位置にあり、かつ、谷も前の谷よりも低い位置にある状況

レンジ（ボックストレンド）

レンジになる前までの
トレンドとは
変わる可能性がある

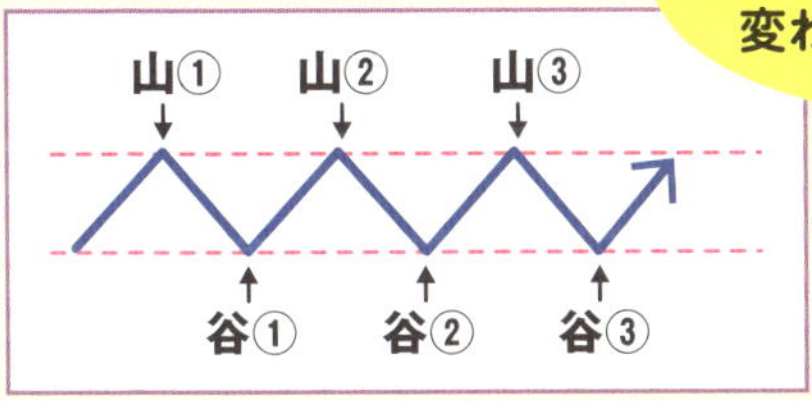

見極め方　山と谷の上下する幅が同じくらいの状況

Point

チャートの山と谷を見て
今後の予測を自分でしてみよう

04

トレンドを教えてくれる移動平均線

たいていの取引所には、相場を分析するためのツールが備え付けられています。それらは「インジケーター」と呼ばれ、ローソク足の始値や終値を基に計算され、チャートに描写されます。

数あるインジケーターの中でも最もポピュラーなものが移動平均線です。移動平均線はローソク足の推移をより滑らかにし、相場全体の流れを1本のラインで描写してくれます。この移動平均線を用いることによって、**現在価格が「上昇傾向にあるのか？」それとも、「下降傾向にあるのか？」がより明確になります**。

移動平均線を利用した分析方法

また、この移動平均線を利用して「ゴールデンクロス」、「デッドクロス」という分析ができます。

これは2本の移動平均線（設定期間の長いものと短いもの）を使用します。短期の移動平均線がもう一方を上に抜いたとき（ゴールデンクロス）には価格が上がり、短期の移動平均線がもう一方を下に抜いたとき（デッドクロス）に価格が下がる傾向があるという分析手法です。

設定期間とは、移動平均線のようなインジケーターの土台となる設定数値です。**移動平均線（設定期間20）であれば「20本分のローソク足の平均価格」を点で示し、それをローソク足が更新されるたびにつないだ曲線です。**

「なんでゴールデンクロスしたら価格が上がるの？」「なんでデッドクロスしたら価格が下がるの？」という声も聞こえてきそうですが、これらは株式投資や為替の世界でのいわばセオリーや傾向みたいなものです。ぜひ覚えておいてください。

移動平均線の使い方

移動平均線の設定したチャート

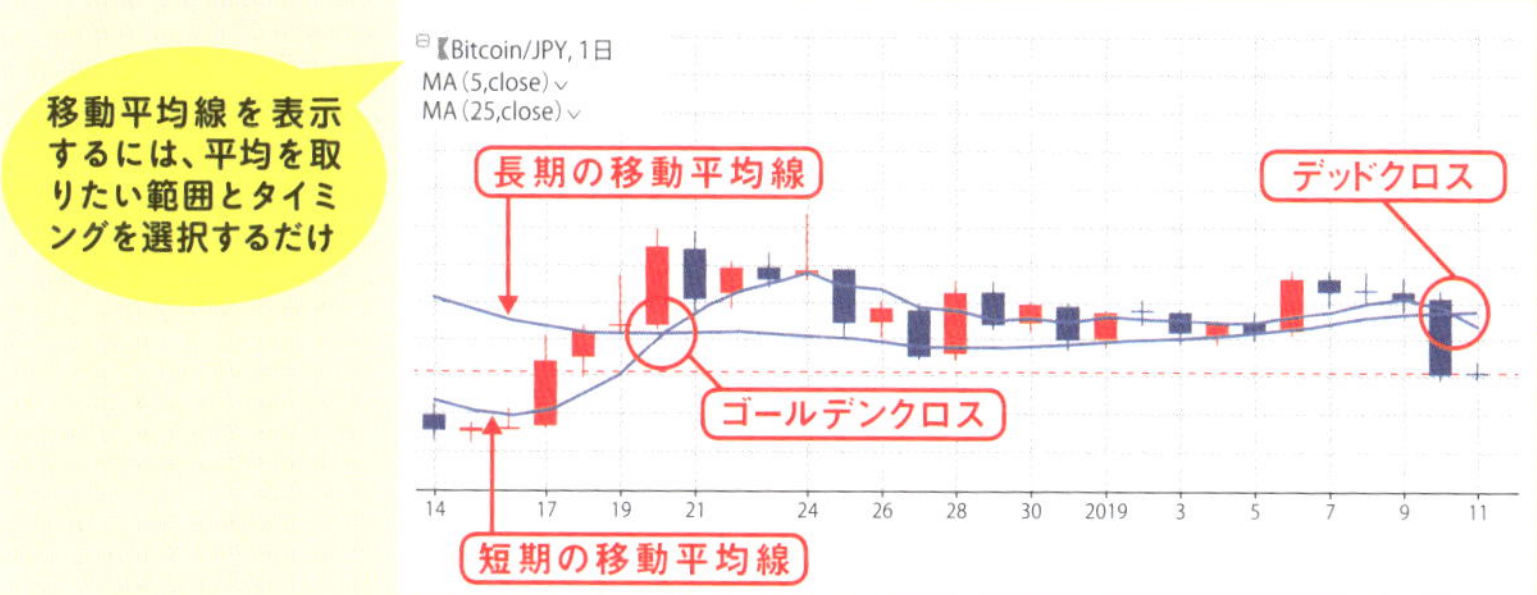

上のチャートの設定

短期の移動平均線……5本分のローソク足の終値の平均価格を結んだ線

長期の移動平均線……25本分のローソク足の終値の平均価格を結んだ線

2本の移動平均線からわかること

ゴールデンクロス

↓

その後、価格が上がっていく可能性大!

デッドクロス

↓

その後、価格が下がっていく可能性大!

Point

移動平均線を見れば、トレンドの方向性がわかる!

チャートにラインを引いて将来を予測しよう！

チャートに線を引いてみよう

本章3項で、「トレンドには、上昇トレンドと下降トレンド、そしてレンジ（ボックストレンド）が存在する」と解説しましたが、こういったトレンドには実は規則性が存在します。**トレンドの規則性を読むために使うのが「サポートライン」と「レジスタンスライン」です。**この2つのラインを引いて相場を見ることで、上昇トレンドの終了や下降トレンドの終了を察知することができるようになります。

サポートラインとは、上昇トレンドの「安値（谷底）」をつないだラインのことです。基本的には、トレンドの発生地点（最安値）を基点にして安値をつないでいきます。こうして安値を基準に引いたラインをローソク足が下に抜けたとき、「上昇トレンドの終了」と判断するわけです。

レジスタンスラインとは、下降トレンドの「高値（山頂）」をつないだラインのことです。基本的には、トレンドの発生地点（最高値）を基点に高値をつないでいきます。こうして高値を基準に引いたラインをローソク足が上に抜けたとき、「下降トレンドの終了」を判断します。

「レジスタンスラインが上に抜けたら買い注文を入れれば良いってこと？」という方も出てくると思いますが、「レジスタンスラインが上に抜ける＝下降トレンドの終了」という場合もあり、必ずしも、その後上昇トレンドへと転換するわけではありません。レンジに突入して、再度下降トレンドに突入することもあります。ですから、**「レジスタンスラインを上抜けたから買い」という安易なトレードは控えましょう。**

サポートラインとレジスタンスライン

サポートラインとレジスタンスラインの見方

サポートライン

簡単には下回らないと考えられる価格の水準

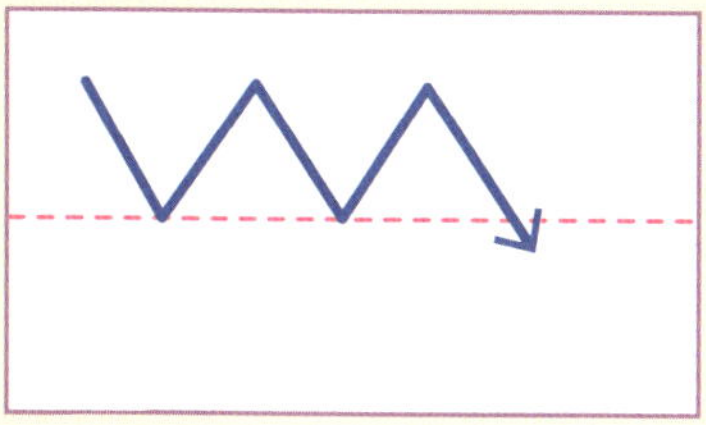

安値がサポートラインを超えると……

➡ さらに価格が下落していく可能性有り!

レジスタンスライン

簡単には上回らないと考えられる価格の水準

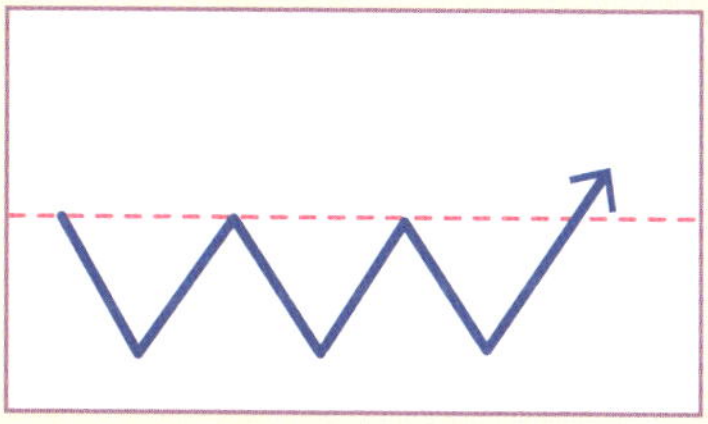

高値がレジスタンスラインを超えると……

➡ さらに価格が上昇していく可能性有り!

サポートラインとレジスタンスラインの引き方

基本的に、サポートラインとレジスタンスラインの内側の範囲内で価格が動くから、サポートライン付近で買って、レジスタンスライン付近で売ろう

Point

サポートラインとレジスタンスラインの近くで売買できれば上出来だよ

06 最安値と最高値がわかる！ダブルボトムとダブルトップ

ダブルボトムは下降トレンドの谷底で見られる「下降トレンド終了のサイン」です。それに対して、ダブルトップとは上昇トレンドの頂点で見られる「上昇トレンド終了のサイン」になります。

これらを押さえておくことで、買いサインだけでなく、利確サインとしても活用できますから、必ず押さえておきましょう。

これから上がるサインを見つけて買いを入れよう

ダブルボトムは、基本的には下降トレンドの終了時に図のようなかたちになって現れます。このネックラインの上抜けをもって「ダブルボトムの成立」とみなします。

前項目でもお話ししましたが、**レジスタンスラインを上に抜けてすぐではなく、その後のダブルボトム成立を確認してから買い注文を入れるのがベストです**。

下がるサインを見つけたらすぐ利確しよう

ダブルトップは、基本的には上昇トレンドの終了時に図のようなかたちになって現れます。こちらもダブルボトムのときと同様、ネックラインを上に抜けた後に見られたら「ダブルトップの成立」とします。このダブルトップは短期トレードの際などに、利確タイミングの目安として用いられることが多いです。

例えば、図のように、ネックラインを割ってしまえばそのまま価格が下落してしまいますが、買い材料が強ければこのネックラインを割ることなく、「レンジ推移した後に再び上昇トレンド」といった流れで推移する場合もあります。

ダブルトップとダブルボトム

ダブルトップ

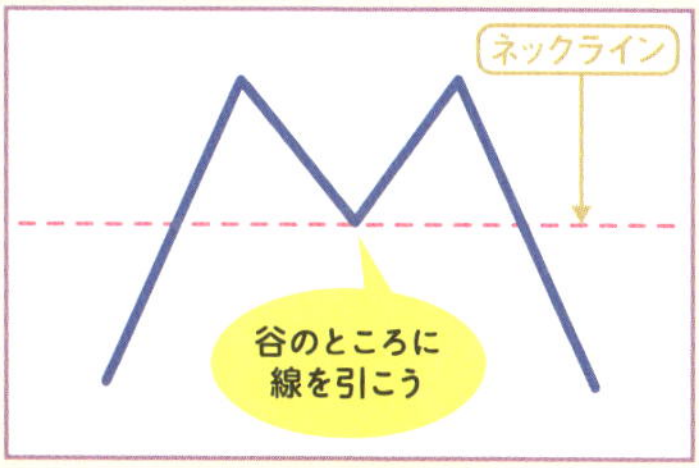

チャート上にできる
2つの山のようなかたち

ダブルボトム

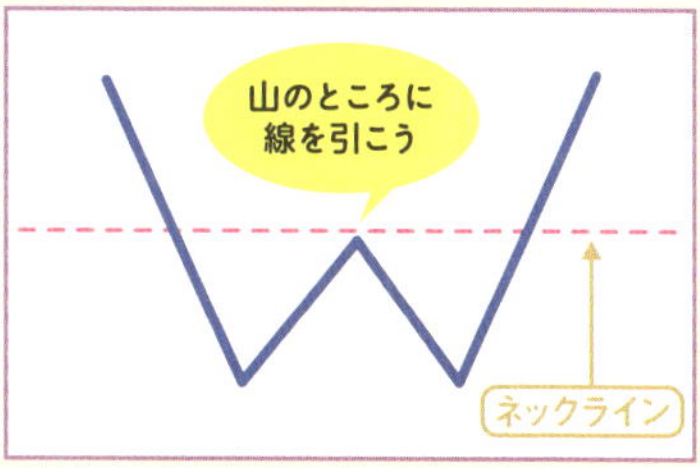

チャート上にできる
2つの谷のようなかたち

チャート例

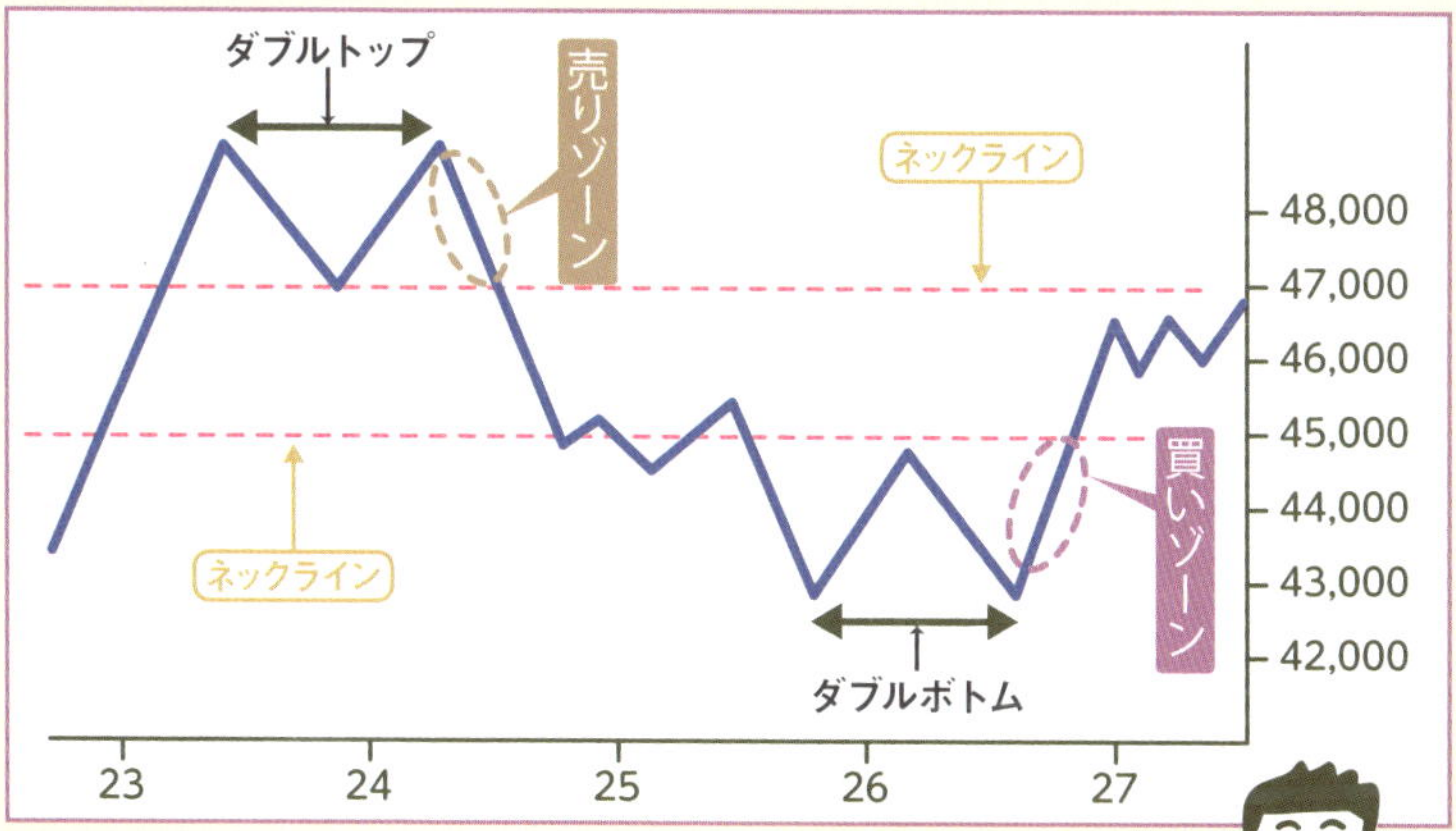

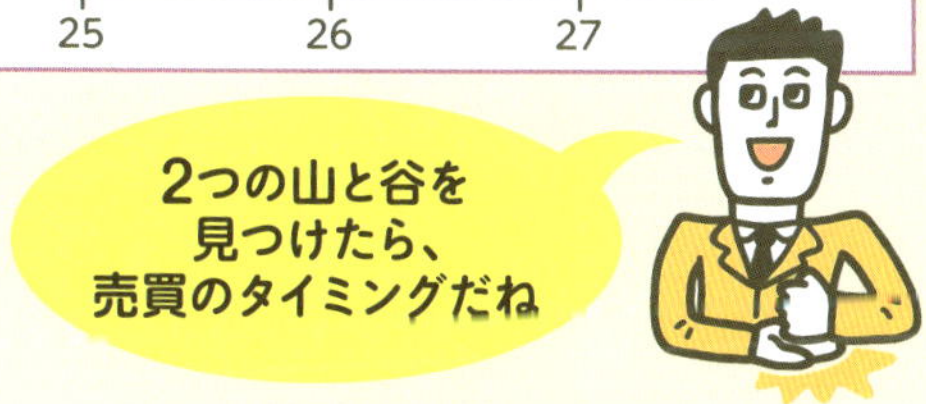

Point

チャート上に引いた線の価格を超えると、その方向にしばらく進む可能性が高いよ

07

初心者が一番使えるツール！ボリンジャーバンド

ボリンジャーバンドは、移動平均線に次いでメジャーなインジケーターです。視覚的にわかりやすいことから、初心者だけでなく相場歴が長いトレーダーにも愛用されています。

ボリンジャーバンドを構成するもの

今回は、ボリンジャーバンドの「3つの使い方」について解説します。

基本的にボリンジャーバンドは、図のように計7本のラインで構成されます。上から順に＋3σ、＋2σ、＋1σ、移動平均線（20）、－1σ、－2σ、－3σと呼ばれています。

これらのラインが描写される基準の計算式はとてつもなく複雑ですから、大まかに解説します。ボリンジャーバンドは標準偏差とそれを基にした正規分布を利用して描写しています。標準偏差というのは、「データのばらつきの大きさ（散布度）」を基にした指標です。より投資方面に寄せて言うと、「価格の分布（値動きの散らかり具合）」を示す数値といったイメージです。正規分布というのは、「この世で最も一般的な分布」とされているものであり、自然界や人間の行動などのさまざまな現象によく当てはまるとされる分布図です。ボリンジャーバンドでは、標準偏差を利用した上で、さらにそれを正規分布に当てはめて計算し、チャート上に描写されているのです。

このような複雑な計算を経て、**ボリンジャーバンドの6本のライン（移動平均線を除く）は、「価格がそれぞれのバンド内に一定の割合で納まる」ように描写されています**。

つまり、±1σであれば、「価格が68・26％の確率で±1σの間に納まる」、±2σであれば、「価格が95・44％の確率で±2σの間に納ま

ボリンジャーバンドの誤った使い方

7つの線でできている

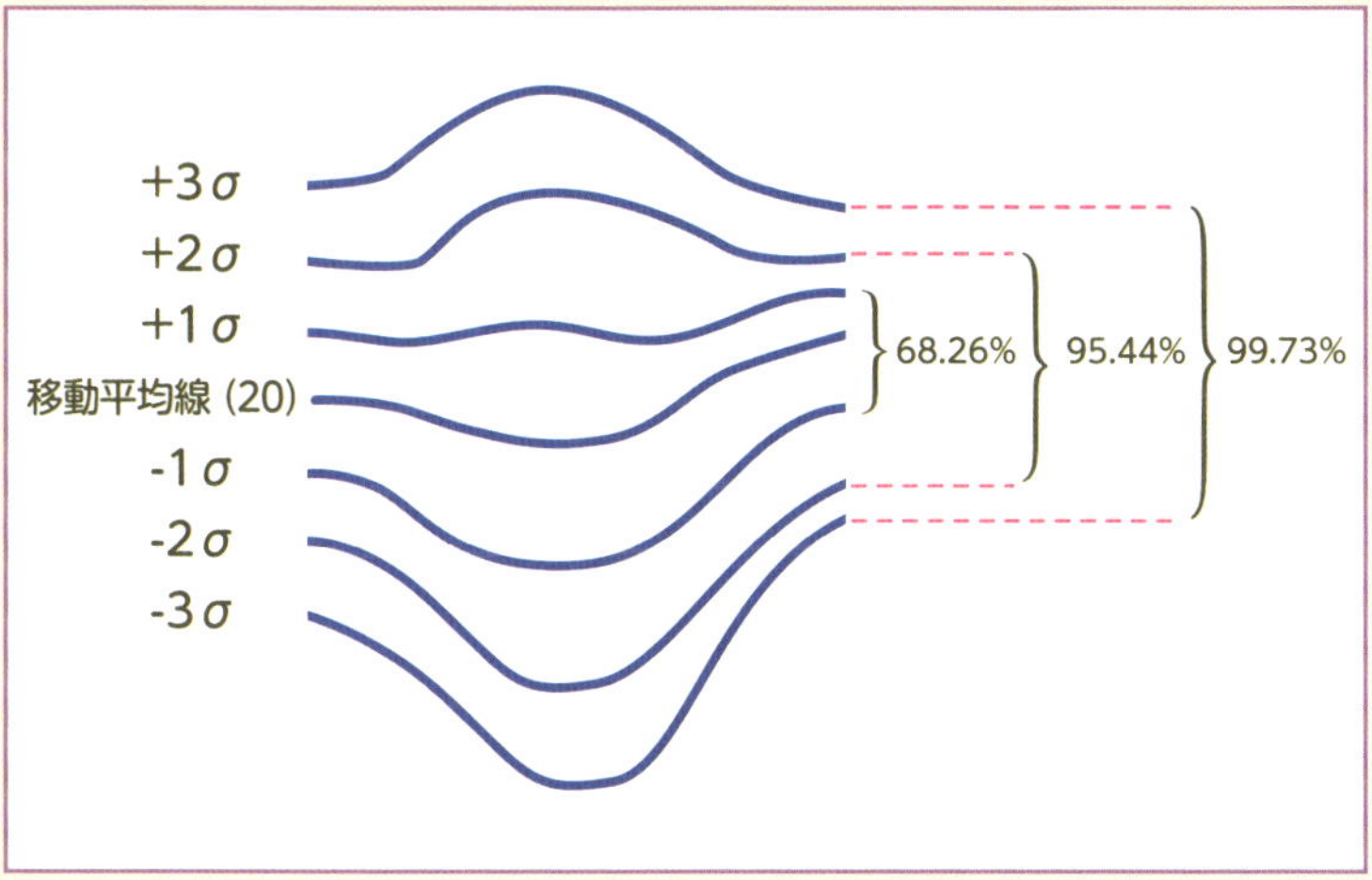

誤った使い方

Point

ボリンジャーバンドの幅は急に縮むこともあるよ

る」というわけです。

変動の少ないタイミング

これを基に「ローソク足が−3σに触れた瞬間に反発狙いで買えば、99・73%の確率で勝てる！」という方も出てくると思いますが、これはボリンジャーバンドの間違った使い方です。**ボリンジャーバンドの正しい使い方とは「バンドの幅を見ること」です。**±3σを例に取ってみましょう。価格は±3σの内側に99・73%で納まります。つまり、「±3σが収縮していたら、価格はその狭いバンド内に納まるわけだから現状大きな値動きには期待できない」のです。これをボリンジャーバンドの「スクイーズ」と呼びます。

大きな値動きが狙えるタイミング

では、逆にボリンジャーバンドが外側へと開いた状態はどうでしょうか？ これは、「バンドが外側に開かなければ、そのバンド内に価格を納めることができない」ということです。つまり、それだけ大きな値動きが期待できるということですね。これをボリンジャーバンドの「エクスパンション」と呼びます。この**エクスパンションは、定義が難しいですが、スクイーズ後に発生した場合にのみ大きな値動きが見込めます。**

過去最高値を更新するタイミング

3つ目は「バンドウォーク」です。値動きが激しい仮想通貨では、スクイーズ状態からエクスパンションが成立し、価格高騰後、1時間も経たないうちに元の価格まで戻ってきてしまうという場合も珍しくありません。これに引っかかると、高値で買うこと（高値づかみ）になり、早速含み損*となってしまいます。

そういった状況下で効果を発揮するのがバンドウォークです。ボリンジャーバンドのエクスパンション後、勢いが衰えずそのまま価格が上昇していく場合、ローソク足は±2σのライン上を沿って推移し、陽線が連続する場合があります。これをバンドウォークと呼びます。

バンドウォークが見られると、価格は過去最高値を更新することが多くなりますよ。

＊含み損……決済前の資産で損失が発生している状態

ボリンジャーバンドの正しい使い方

収縮と拡大

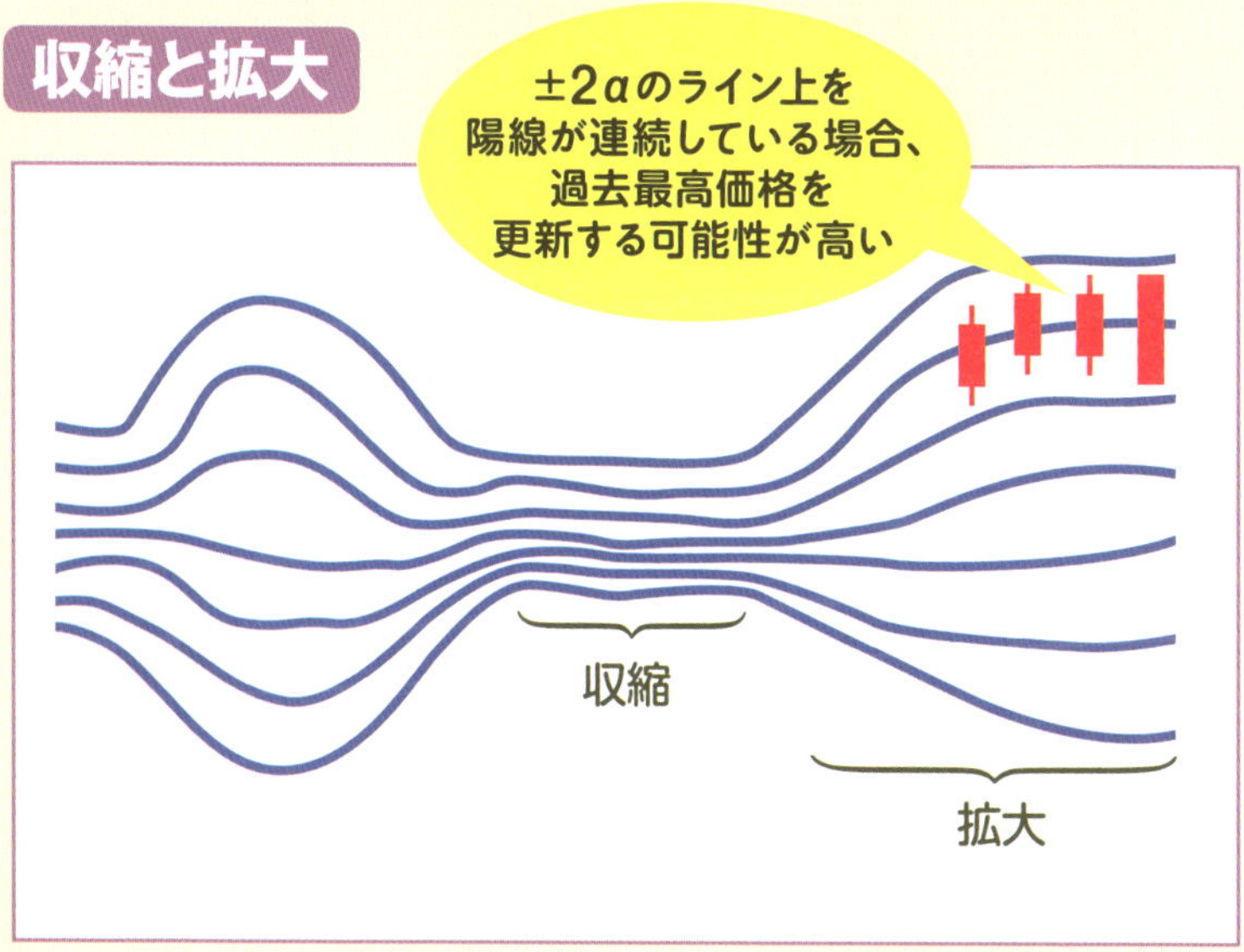

±2αのライン上を
陽線が連続している場合、
過去最高価格を
更新する可能性が高い
収縮
拡大

正しい使い方

収縮は
大きな値動きはしないから、
売買は控えよう
収縮した後に
拡大しているから、
大きな値動きが期待できそう。
ローソク足を見て
売買してみよう

Point

ボリンジャーバンドの
収縮と拡大に注意しよう

08

仮想通貨の値動き「半値戻し」を知っておこう

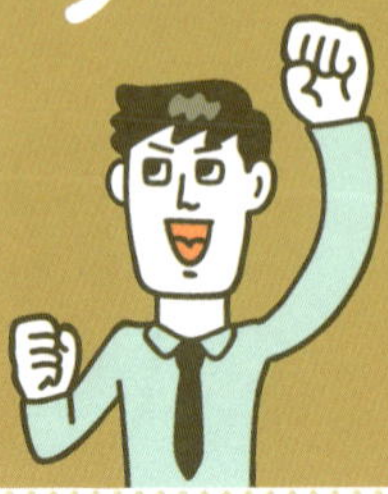

半値戻しとは、その名の通り「価格が上がったり下がったりした際にその半分まで価格が戻ってくる」という状況を指します。

上昇トレンドと下降トレンドと組み合わせて使う

この半値戻しは本章3項でも解説した上昇トレンドや下降トレンドに応用して利用することができます。

上昇トレンドで言えば、上昇後の戻しで上昇した分の半値を戻し、下降トレンドで言えば下降後の戻しで下降した分の半値を戻すと言うのが、最も理想的なトレンドであり、流通量が多く安定した通貨ほど、半値戻しが起こりやすいです。

また、半値戻しは大きなトレンドであればあるほど、より一層頻発し、綺麗にちょうど半値まで戻す傾向があります。図のように、大きな上昇トレンドが終了した後、トレンドの発生地点（最安値）から最高値の半値まで戻していく感じです。

これらは、「あくまで傾向」ですが、こうした傾向は長くにわたり築き上げられてきた投資におけるセオリーです。「傾向だから半値まで戻す」のではなく、「多くのトレーダーが半値戻しというセオリーに従って売買しているから、実際に半値まで戻る」というような感じです。

資産規模が大きい熟練のトレーダーほど、こういったセオリーを利用してトレードしてきます。多少ブレもあるかもしれませんが、こういったセオリー通りに価格が動いていくことは非常に多いです。他のテクニカル指標も同じように、「この傾向があることを知っている投資家は多い」ということを頭に入れつつ投資戦略を練っていきましょう。

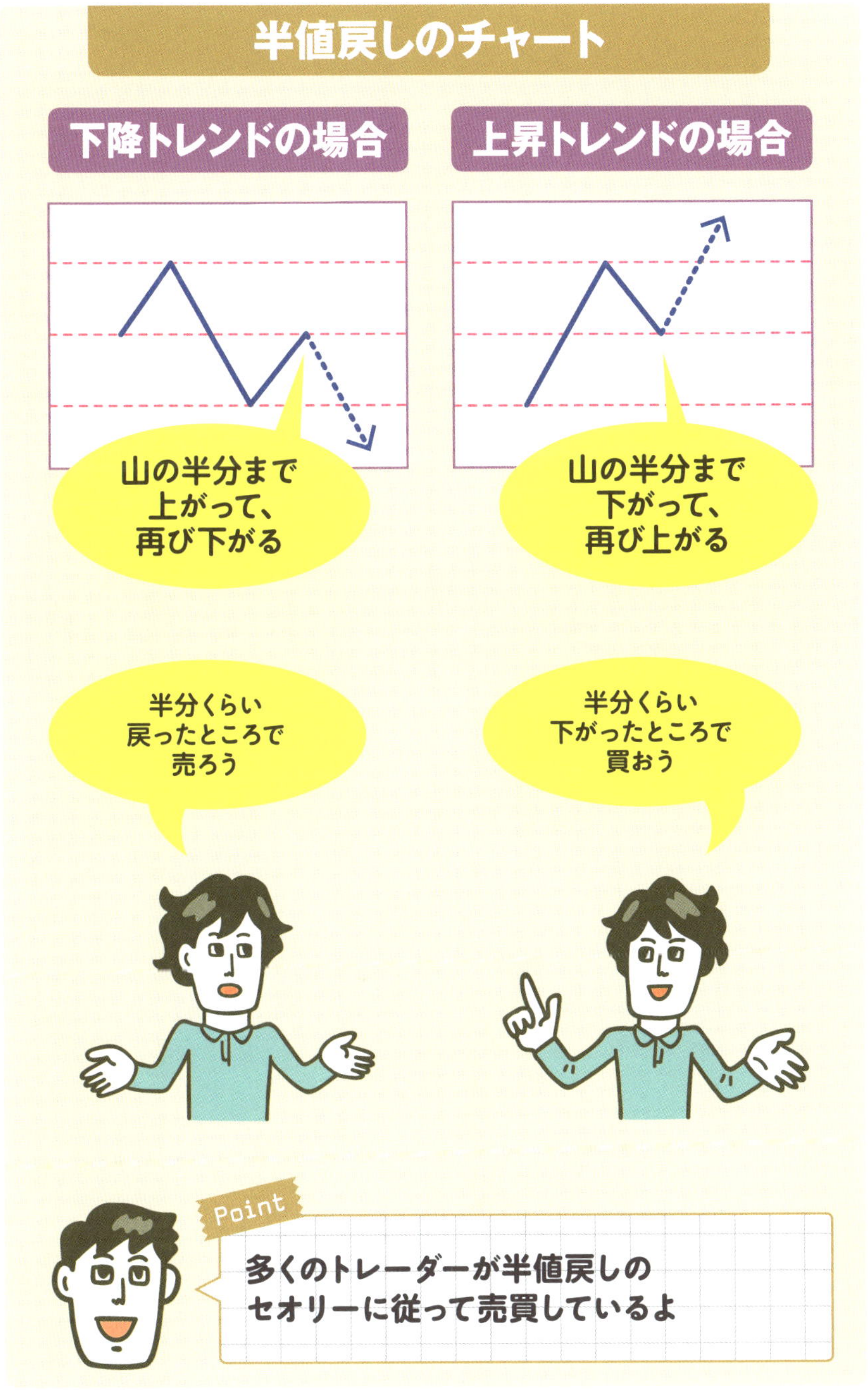
半値戻しのチャート
下降トレンドの場合
山の半分まで上がって、再び下がる
半分くらい戻ったところで売ろう
上昇トレンドの場合
山の半分まで下がって、再び上がる
半分くらい下がったところで買おう
Point
多くのトレーダーが半値戻しのセオリーに従って売買しているよ

09

仮想通貨で「待て」の値動き

失敗しないために待つ

投資においては「待つ」ということが非常に大切です。その「待つべき状況」は具体的には主に3つあります。

第一に、「よくわからないとき」です。セオリーをどれだけ知っていようと、時にはどのセオリーにも当てはまらない値動きがあったりします。潔く「わからない」と匙を投げてしまうのが勝つためには一番の近道です。

2つ目は、「乗り遅れたとき」です。例えば、図のようにレジスタンスラインを上に抜けるのを待っていたとしましょう。待っている間お風呂に入り、ふとパソコンを見たらローソク足がすでに注視していたラインを上抜け、価格が上がってしまっていた……というような状況です。こういった際、つい「上がっちゃう！買わないと！」と急いで買い注文をしようとする方も非常に多くいると思います。しかし、それはタブーです。なぜなら高値づかみになった際のリスクが非常に大きいからです。

「乗り遅れた！」と急いで買ってしまうと、その分だけ損切りした際の損失額が大きくなってしまいます。気分によるトレードで損切り貧乏*にならないためにも、「乗り遅れた！」と感じたら待つことです。

3つ目は、「含み損を抱えたとき」です。実際にトレードに取り組み、売買するようになると含み損を抱えるときだって当然出てきます。

初心者がまず陥りがちなのは、損切りを連発するが故の損切り貧乏です。「ここを割るまでは損切りしない！」というラインをあらかじめ決めておくことをオススメします。

＊損切り貧乏……こまめに損切りしすぎてしまい、資産がどんどん減っていく状態

売買してはいけないとき

①「わからない」と思ったとき

このチャート
見たことないな
うーん、上がる
……かなあ

②乗り遅れたとき

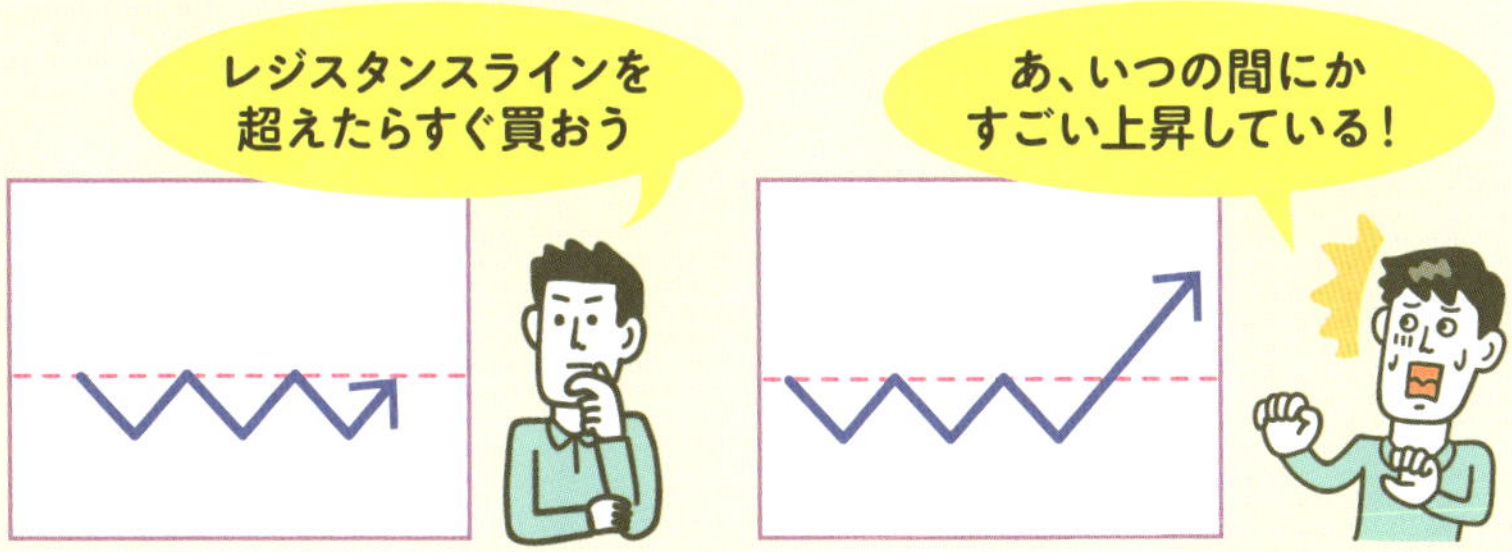
レジスタンスラインを
超えたらすぐ買おう
あ、いつの間にか
すごい上昇している！

③含み損を抱えたとき

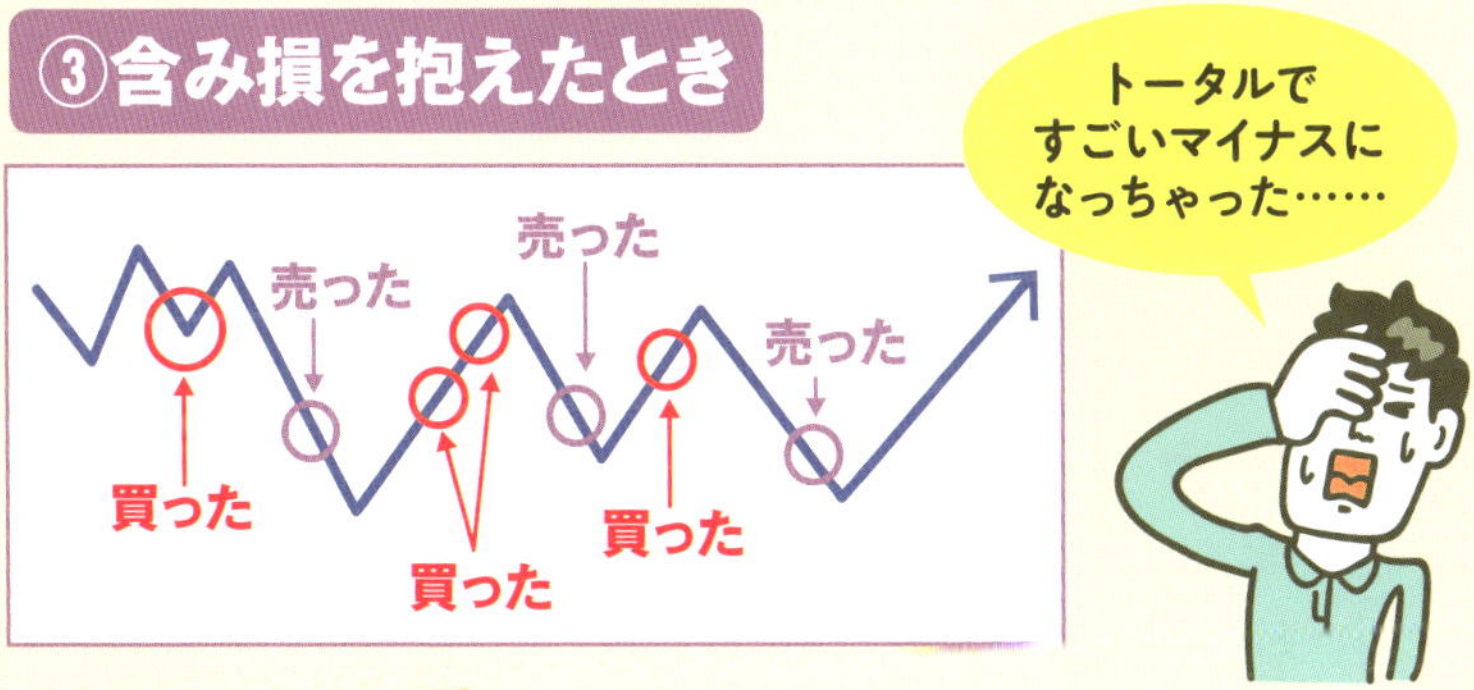
売った
売った
売った
買った
買った
買った
トータルで
すごいマイナスに
なっちゃった……

Point

あらかじめ損切ラインを決めて、
無理に取引しないようにしよう

直近高値に近づいたら、吹き上げる予兆？

どのトレーダーも「まだ上がるか？」、「まだ下がるか？」を気にしています。彼らの判断基準は一体どこでしょうか？

ほとんどのトレーダーは「直近高値」に注目しています。なぜなら、直近高値を上抜ければ、上昇トレンドの定義に当てはまるからです。上昇トレンドの場合、直近高値を更新すれば「上昇トレンドの継続だから、まだ上がる」といって集中的に買い注文が集まってくるわけです。となると、その後は吹き上がるだけです。下降トレンドの場合も同様です。「直近安値を下に抜ければ、下降トレンドの継続だからまだ下がる」と判断され、売り注文が集まり、価格は引き続き下がって行きます。

板情報を見て確実に利益を出そう

ただ、このトレードは簡単そうですが、一歩間違えば大きな損失にもつながりかねません。それは、本章6項で解説したダブルトップの可能性です。例えば、直近高値の更新を確認すると同時に買い注文を入れたとしましょう。しかしその後、買い注文が続かず下落し、結局買い注文を入れた位置がローソク足のヒゲとなり、ダブルトップの形成後にネックラインよりも下落していく場合があるのです。こうなると、完全なる高値づかみになってしまいます。

よって、**直近高値更新での買いをする場合には、必ず「板状況」にも注目するようにしてください**（本章12項）。買い注文を入れる際には「買い板」を、売り注文を入れる際には「売り板」を見ましょう。**「自分の注文の成立直後に、同じような直近高値の更新狙いの買い注文が入ってき**

チャートと板情報をチェック

①直近高値・安値の更新を確認

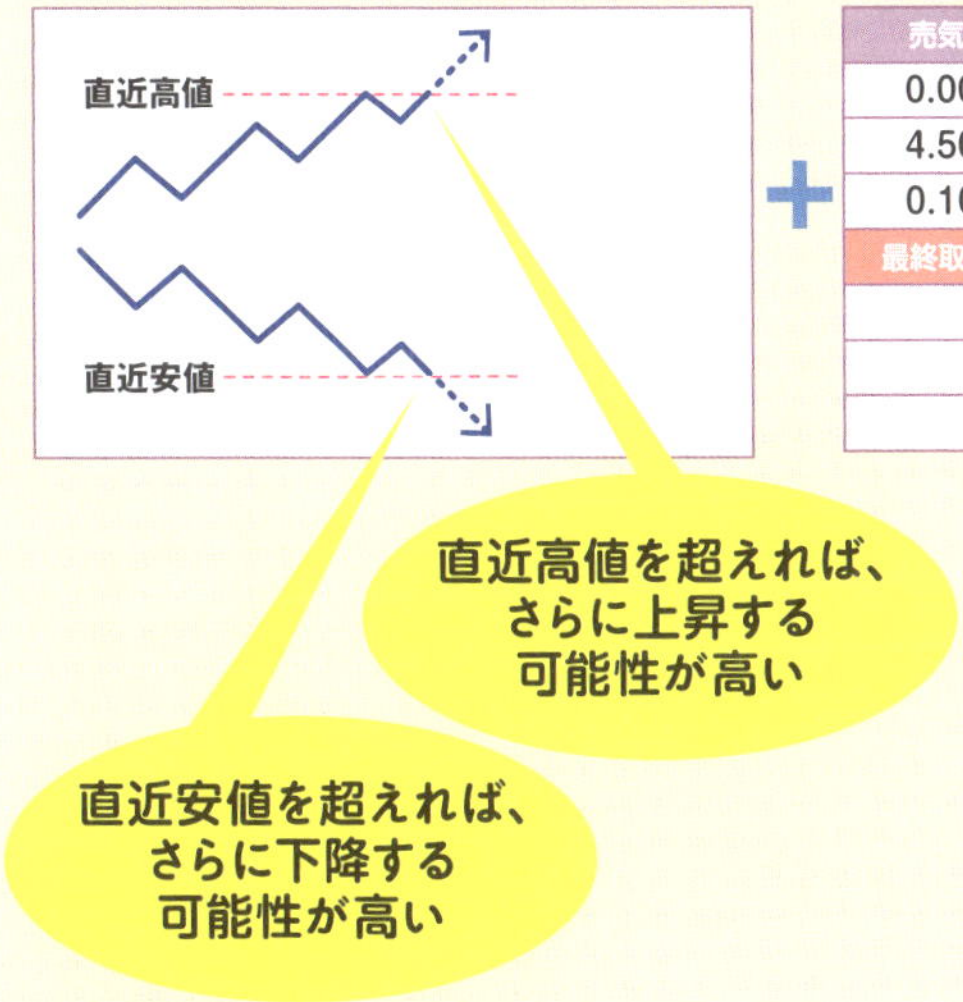

直近高値
直近安値
直近高値を超えれば、さらに上昇する可能性が高い
直近安値を超えれば、さらに下降する可能性が高い

＋

②併せて板情報をチェック

売気配数	気配値	買気配数
0.0050	424,444	
4.5000	424,261	
0.1000	424,235	
最終取引価格	424,200	
	424,190	0.0050
	424,000	0.1000
	423,744	2.0000

買い注文が多いから上昇しそうだ

Point

チャート上で上昇or下降の予測をしたら、必ず板情報もチェックしよう

ているかどうか？」を見ます。自分の注文成立後にも買い注文が多く入ってきているようであれば、そのまま上へと吹き上げていくでしょう。しかし、買い注文が入ってきておらず、買い板がスカスカであれば、そこから買いがついていくこともないので、すぐに損切りで問題ありません。

もちろん、より確実に取っていきたいという方であれば、買い板がついていくのを確認してからの利確でも問題ないと思います。また、このような高値更新の際は、みんなが注目して取引をしているので値動きがとても激しくなることもしばしばあります。なので、慣れないうちはあまり高額な注文や複数回の注文はしないことをオススメします。

11 エリオット波動で仮想通貨の相場を読む

エリオット波動とは?

エリオット波動とは、株式アナリスト、ラルフ・ネルソン・エリオットが編み出した相場分析手法の1つです。この手法では、「**相場にはサイクルがあり、値動きは一定のリズムで推移する**」という考え方を基に、大まかなトレンドの現状や今後を推し量ることができます。

エリオット波動を構成するもの

図のように、「トレンドは、最初の5波(1~5波と呼ばれます)とピークを迎えた後で反発した際に発生する3波(a波~c波と呼ばれます)によって構成される」というのがエリオット波動の主な考え方で、こうした上昇下降の値動きの周期を「サイクル」と呼びます。一見簡単そうに見えますが、エリオット波動は比較的複雑な構造になっています。それは、「1つひとつのトレンドは、さらに小さなトレンドによって構成されている」からです。

図のように、上昇1波目は小さな上昇5波で構成され、上昇2波目は小さな下降3波で構成されているわけです。エリオット波動論を使って相場を見渡したいときには、「トレンド構造がわかりやすくなるため、1時間足や4時間足で見るのがベター」とされていますが、そういった長期足では小さなトレンドまで追うことが困難なため、「トレンドの中のトレンド」を把握する際には、5分足や15分足を利用してあげるとトレンド把握もやりやすくなるので良いですよ。

エリオット波動の3つの原則

このエリオット波動には図のよう

エリオット波動で相場サイクルを読む

エリオット波動とは?

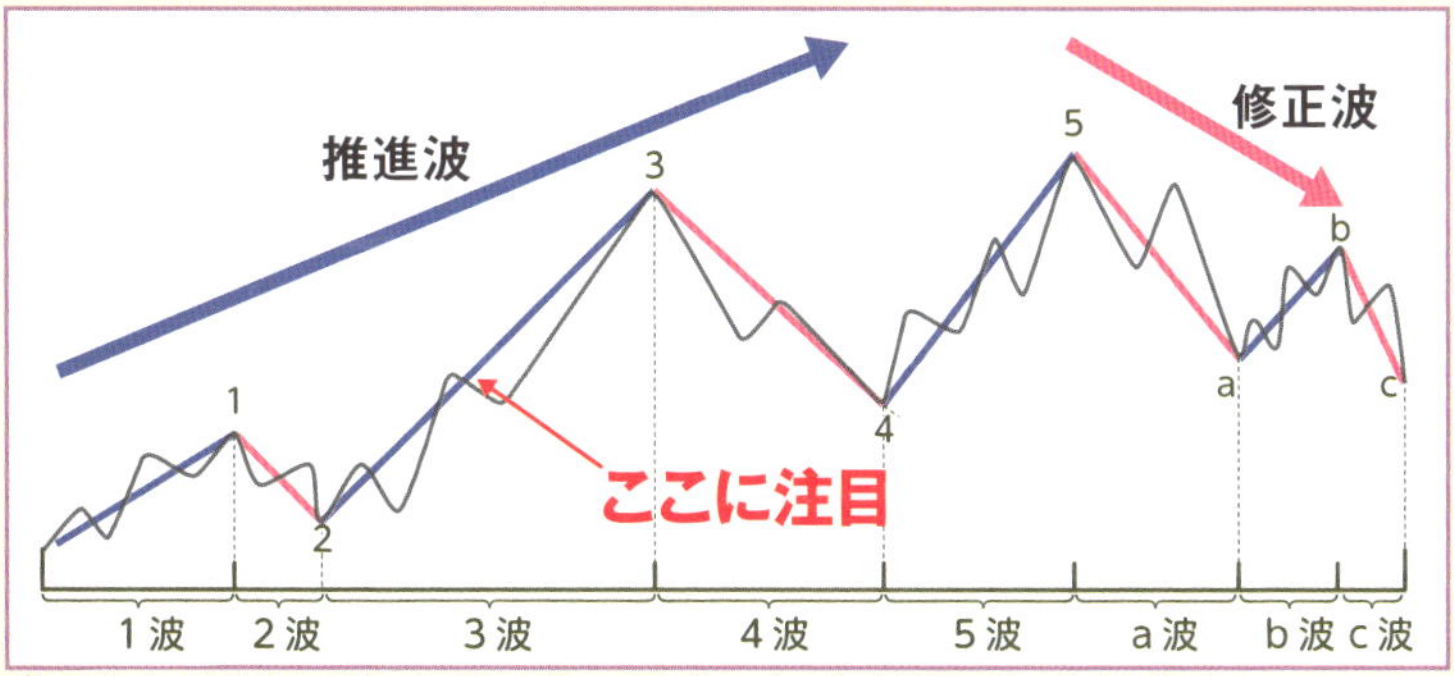

➡ チャートは一定のサイクルで上がったり下がったりする

エリオット波動論の3つの原則

① 3波が一番短くなることはない
② 2波の安値が1波の安値を上回ることはない
③ 4波の安値が1波の高値を下回ることはない

Point
エリオット波動に当てはめて
現在の相場を見ると、予測がしやすくなるよ

な3つの原則があります。

例えば、①の「3波が一番短くなることはない」の原則を利用することによって、「どこからどこまでが3波にあたるのか?」などの把握が簡単にできるようになります。②と③に関して言えば、本章3項でお話したような「上昇トレンドの定義」にも当てはまることですね。

トレンドの始まりと終わりがわかる

これも、多くの投資家が意識しながらトレードをしているセオリーの1つなので、ぜひ覚えておきましょう。**エリオット波動はトレンドのはじまる瞬間や転換する瞬間を表すことが多い**ので、上手くトレンドに沿ったトレードをしようとする際に大きく役立つはずです。

12 板情報もチェック必須！チャートと合わせて未来を読もう

仮想通貨では必須の「板取引」について解説します。はじめて見る方からすると、若干難しく見えるかもしれませんが、簡単です。

取引所によって少しデザインは違いますが、図のような「板」がどこでも存在します。こちらの取引所の「板」からは、①現在の取引価格、②売り板、③買い板、④注文価格、⑤注文量の5つの情報を読み取ることができます。

板を見るのは注文の前後だけでOK

①～⑤を参考に板を見ると言っても、板を基にトレードしていくわけではありません。**チャートを見て、最低限注文を入れる前と後に確認していれば問題ありません。**逆に板ばかりに気をとられてしまうと、わずか一時の下降にビクビクし、誤ったタイミングで損切りをしてしまいがちです。無駄な損切りを避けるためにも、あまり板ばかりに気をとられないようにしましょう。

では、注文をする前と後には、何を見れば良いのでしょうか？　買い注文前であれば、なるべく安い値段で買いたいですよね。ですから、「まだ売り注文が続きそうか？」というのを確認します。しかし、「安値で買おう、安値で買おう」と待ちすぎてもいけません。なぜなら、売り注文が消えてしまえば、自分に売ってくれる注文がなくなってしまうからです。適度に妥協し、買いたい値段付近まで近づいたら注文を入れるというのがベストでしょう。注文後は、本章10項で解説したように、直近高値を更新しても予想以上に買いがついてこない場合は「後ろから買いがついてきているか？」ということに注目してあげる必要があります。

板情報の見方

⑤注文量 売気配数	④注文価格 気配値	⑤注文量 買気配数
0.0050	424,444	
4.5000	424,261	
0.1000	424,235	
最終取引価格	424,200	
	424,190	0.0050
	424,000	0.1000
	423,744	2.0000

②売り板（上の3行）
①現在の取引価格（424,200）
③買い板（下の3行）

①**現在の取引価格**：「売りたい人の売値」と「買いたい人の買値」が重なったときに取引が成立。直近の取引が成立した価格のこと
②**売り板**：売り注文が表示される場所のこと。上から下へ、①の価格に近い順で表示されていく
③**買い板**：買い注文が表示される場所のこと。下から上へ、①の価格に近い順に表示されていく
④**注文価格**：買い注文、売り注文をしている人の「この価格で取引したい」という価格のこと
⑤**注文量**：買い注文、売り注文の数量のこと

まだ売り注文が続くかチェックしよう
まだ買い注文が高値で入るかチェックしないと

Point

注文前と注文後も必ず板情報をチェックしよう

COLUMN

「買いたい弱気、売りたい強気」

投資は、大きく利益を出すことができる一方で、リターンを求めれば求めるほどリスクも大きくなります。

トレード中に投資判断を下して、その責任を負うのは基本的に自分１人です。孤独な判断はやはりストレスのかかるもので、大きな覚悟を必要とします。だからこそ、人には自分の判断を正当化しようとする心の動きが生まれ、反対に自分の判断にどこか希望的な観測が付いて回っていることも多々あります。

今回の格言は、そんな人間の心理を表した言葉です。

相場が上昇トレンドのとき、人は買いたいと思いながらも、「もう少し下がったところで買い注文を入れたいから、もっと下がらないかな……」と思ってしまうことはよくあることです。「買いたい弱気」というのは、「最初は上がると思って買いたいと考えていたのに下がることを望んでしまい、売り注文を入れてしまうような状態のこと」を表しています。

「売りたい強気」はその逆で、「売りたいはずなのに、その前にできるだけ上がってほしいと考えるうちに、『上がるはずだ』と思って、いつの間にか買い注文を出してしまうような状態のこと」です。

このように、自分の都合や希望的観測によって、最初に立てていた仮説とは矛盾した考えを思いついてしまい、いつの間にかおかしな行動を取ってしまうということがあります。希望的観測による誤った判断でトレードを行ってしまうと、損失を出しかねません。

そうならないために、自分の判断が、希望的観測から来ていないか常にチェックしながら投資を続けていきましょう。

CHAPTER 6

第6章

seiya直伝！さらに儲かるコインとテクニック

01 仮想通貨の種類は？

アルトコインは1400種類を超える

本書ではビットコインを中心に解説してきましたが、仮想通貨の種類は2018年12月時点で1600種類以上存在しています。この1600種類の中でもさまざまな分野に分かれており、例えば送金すると同時に契約内容を保存することができる通貨や、SNS系のプラットフォーム内で使うことができる通貨などが存在しています。海外では有名なSNSのテレグラム内で使える通貨の発行が発表されたり、フェイスブックでは仮想通貨の導入を将来的に視野に入れたりしているようです。仮想通貨と言うと、ビットコインばかりに注目がいきますが、実は現存する作業を非常に簡素化することができる通貨や、銀行の国際送金に取り入れられることが決定しているアルトコインもあります。

アルトコインの取引は注意も必要

これらのようなビットコイン以外の通貨であるアルトコインを取引することでビットコインより変動が大きく、簡単に利益を上げることができるケースもあります。少しリスクを伴いますが、私はビットコインの取引をする前にアルトコインのトレードをメインにしていました。アルトコインのトレードで増やしたビットコインを基にビットコインFXを行うという方法で、資産を増幅させました。

しかしアルトコインに関しては実際にプロジェクトが進んでいない通貨も多いので、**最初は国内取引所に上場している通貨で、かつ時価総額の高いアルトコインを購入するほうが安心です**。

アルトコイン取引の注意点

アルトコインの購入パターン

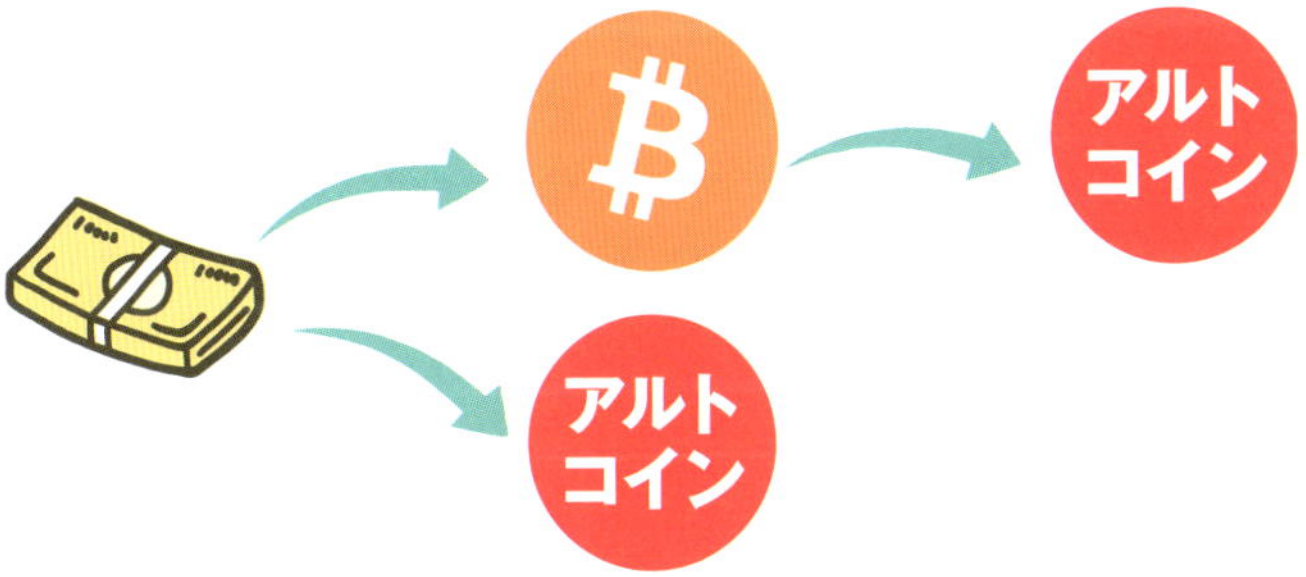

ビットコインでしか買えない仮想通貨や、
ビットコインしか利用できない取引所がある

はじめて購入するアルトコインの選び方

- 国内取引所に上場しているアルトコイン

かつ

- 時価総額の高いアルトコイン

Point

はじめてアルトコインを購入する場合は、信頼度の高いものを選ぼう

02 利益を狙う通貨は最大5種類まで！

多くの通貨を買えばいいわけではない

どの通貨を狙えば利益を上げやすいのか、ということに悩む人がいると思いますが、そんな方にオススメなのが「**狙う通貨は最大5種類までに絞る**」ということです。

あれもこれも買いたい、保有しておきたいと考えて、30種類近くの銘柄を持ってしまったという方も私のまわりにいます。

しかし、数を多く持てば持つほど、それぞれの通貨の情報を調べたり、しっかりプロジェクトが進行しているのかということを判断したりするのは非常に難しくなってきます。そうなると実はプロジェクトの進行が停止しているのに保有し続けてしまい、価格が暴落しているのに気づかず、いつの間にか損失を出してしまう……ということもあります。

ですので、最初のうちは保有する通貨は多くても3から5種類程度に抑えるようにしましょう。もちろん、**仮想通貨投資に慣れて資産が増えた際には10種類程度まで保有する通貨を増やして分散してもいい**と私は考えています。

保有通貨の見直しは定期的に！

また、ポートフォリオの見直しは定期的に行い、**短期で持つ通貨・長期で持つ通貨をしっかり判断し、リバランスを行いましょう**。

短期的な利益を上げるつもりなら、今持っている通貨より利益を上げやすそうなものがあれば入れ替えたほうが得ですし、長期的に持っている通貨だとしても、その通貨のプロジェクトの進行があまりにも良くないのであれば入れ替えを考えるべきなのです。

仮想通貨の管理しやすい枚数
30種類も仮想通貨を持つと……
情報を全て追いきれない！
価格すら把握するのが難しくて、売るタイミングを逃してしまった……
多くても5種類しか買わない！
そうすれば、ポートフォリオも見直しやすい
このコインはすぐに動かなそうだから売って、これから上がりそうなコインと入れ替えだ！
このコインのプロジェクトは良いな。そうだ、進行していない保有コインを売って入れ替えよう！
Point
保有する通貨は管理できる範囲にしよう

03 性能はビットコイン以上？分裂で生まれたビットコインキャッシュ

ビットコインには欠点が？

実は、ビットコインはもともとの売りだった「送金手数料が安く送金が早い」という点で少し問題を抱えています。仮想通貨市場の急速な成長で想定していた取引量を大幅に超えてしまい、マイニングによる処理能力が需要に間に合っていないという現状があるのです。たとえるなら、銀行の窓口は1つだけなのに、お客さんは100人以上待っているというようなイメージです。店舗の規模に対して顧客過多の状態だということです。

状況によっては、ビットコインを送ると最大で手数料を数百円以上取られ、送金時間も3日間かかってしまうこともあるので、利便性が高いとは言えません。

そこで、**ビットコインの送金性能などをアップデートしたビットコインキャッシュが誕生**しました。

ビットコインキャッシュは送金が速くて手数料が安い！

ビットコインから分裂したビットコインキャッシュは、送金時間が非常に早い通貨を目指していました。そのため、ブロックチェーン上に乗せていくデータを記録するためのブロックに入るデータの容量を増やしました。

先ほどの例に合わせるなら、窓口を増やしたと言えばわかりやすいでしょう。

さらに、1つひとつのブロックに入るデータの容量が大きいため、ビットコインキャッシュは送金するのに1円程度と、非常に安い手数料で済みます。

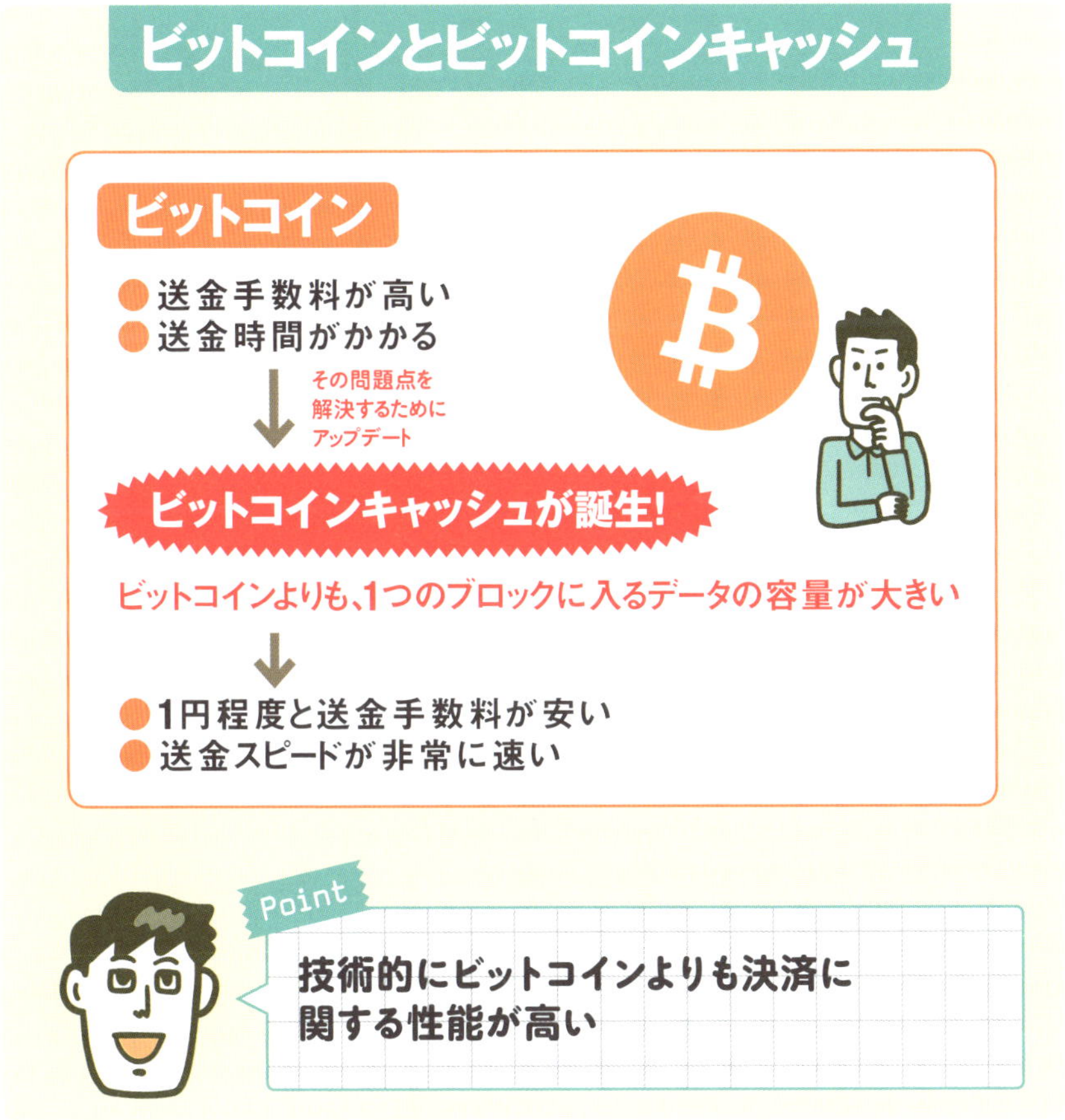
ビットコインとビットコインキャッシュ
ビットコイン
送金手数料が高い
送金時間がかかる
その問題点を解決するためにアップデート
ビットコインキャッシュが誕生!
ビットコインよりも、1つのブロックに入るデータの容量が大きい
1円程度と送金手数料が安い
送金スピードが非常に速い
Point
技術的にビットコインよりも決済に関する性能が高い

ビットコインキャッシュの問題点

一方で問題点もあります。一度ビットコインから分裂して生まれたビットコインキャッシュは、またコミュニティ間の見解の相違から分裂してしまいました（2018年にビットコインキャッシュがビットコインキャッシュSVとビットコインABCに分裂しました）。このように**分裂を繰り返す通貨は、大きく値を下げることもあるので注意が必要**です。

ただ、ビットコインより性能が高いということから、世界的に見るとビットコインではなく、ビットコインキャッシュを決済に使うという店舗が増えており、日本でも決済できる店舗があります。

04 通貨の送金で契約も同時に執行できるイーサリアム

イーサリアムとは、**ブロックチェーンを使って誰もが自由にアプリケーションを開発したりできるプラットフォームです。**中央集権的にアプリが管理されるわけではないので、このアプリケーションのことは分散型アプリケーション（DApp）と呼んでいます。

ブロックチェーンを用いた契約“スマートコントラクト”

イーサリアムを利用したサービスにスマートコントラクトが挙げられます。スマートコントラクトとは、ブロックチェーンを用いることによって第三者の仲介を不要にした電子的な契約書のことです。ブロックチェーンの性質から、スマートコントラクトは透明性が高く、改ざんが不可能になっています。また、契約の自動履行も行うことができます。

スマートコントラクトの応用例

スマートコントラクトというものがどういうものなのかは、具体的な例を見ていくのが一番良いでしょう。

例えば、冷蔵庫に対して「冷蔵庫の中の卵がなくなったら注文する」というスマートコントラクトを定義しておいたとしましょう。何らかの機械によって、卵の個数はカウントされ、それが0になったときにスマートコントラクトが自動履行され、業者への注文、そしてお金の振込が行われます。他にも、レンタカーでスマートコントラクトを利用することもできそうです。タブレットなどを用いて車を借りるボタンをポチッと押すと、車の鍵を手に入れることができ、その際にレンタル代も自動で引き落とされる。そして、もし時間を過ぎても返却されない場合には

イーサリアムとスマートコントラクト

イーサリアム……プラットフォーム
スマートコントラクト……イーサリアムで提供される仕組み
イーサ……通貨の名称

スマートコントラクトとは？

例えば「冷蔵庫の中の卵がなくなったら注文する」と定義しておく

➡ 自動的に契約が執り行われる仕組み

イーサリアムの特徴

- 誰でも自由に定義を書き換えてスマートコントラクトのプログラムを使える
- スマートコントラクトの手数料はイーサで支払う

Point

とくに金融業界で注目されている
仕組みだよ

追加の料金を自動で取る、などのサービスも生まれるかもしれません。

このプラットフォームを使用する際には使用料を支払う必要があります。**プラットフォームの使用料で用いられるのが仮想通貨のイーサ（ETH）です**。イーサは、ほぼ全ての取引所で取り扱われており、ビットコインに次いで時価総額3位の仮想通貨です。

ビットコインよりもイーサリアムのほうが仮想通貨の仕組みとして将来性があるという専門家の人もいるほど、人気の高い仮想通貨の1つです。仮想通貨関連のサービスを作る人では、イーサリアムを利用する人が多いのです。私もイーサリアムの今後に注目しています。

05 国際送金で銀行提携済み リップル

リップルとは、リップル社によって開発された送金・決済システムRTXPの名称で、リップル内で使われる仮想通貨（通貨単位はXRP）も同じ名称を持ちます。

通貨と通貨をつなぐブリッジ通貨

リップルはそれ自体の決済利用を目的に作られたのではなく、**通貨と通貨（ドルとマイナーな新興国の通貨など）の間に入り決済の手助けとなることが主な目的となっています**。

先ほど説明した特徴から、リップルを利用すれば安く・速く通貨の変換ができる他、銀行からすれば通貨導入に必要なコストも削減できます。

リップル社の目標は、あらゆる場所に「価値（＝お金）」を届けることのできるIoV（Internet of Value)を実現することです。

例えば、既存の金融システムでお金を誰かのもとに届けようとすると、銀行から銀行に送金することとなります。これでは手数料や時間がかかってしまうのはもちろん、相手が銀行口座を持っていなければそもそもお金を届けることすらできません。

2017年のデータでは、世界全体の金融機関・モバイルマネー口座保有率は69%、発展途上国では63%であり、世界の約3割から4割の人が口座を持っていません。

リップル社はこの現状を打破しようとしているのです。例えばメールだけでお金を送ることのできるような世界を目指しています。実際に導入などが進んでいることもあり、仮想通貨の中ではかなり将来性が高い通貨であると言えます。国内でもリップルファンは多く、〝リップラー〟と呼ばれています。

リップルの特徴

リップルはブリッジ通貨

従来の送金システム

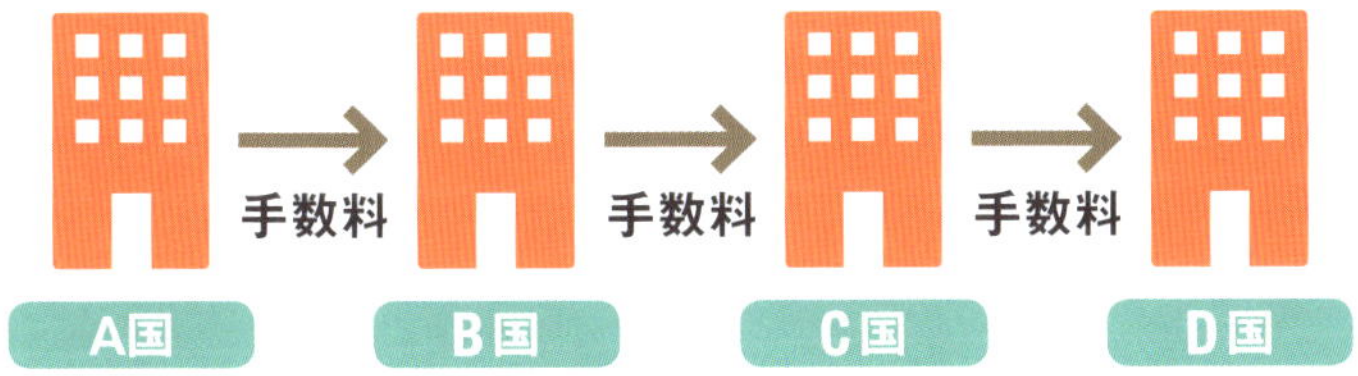

リップルによる送金システム

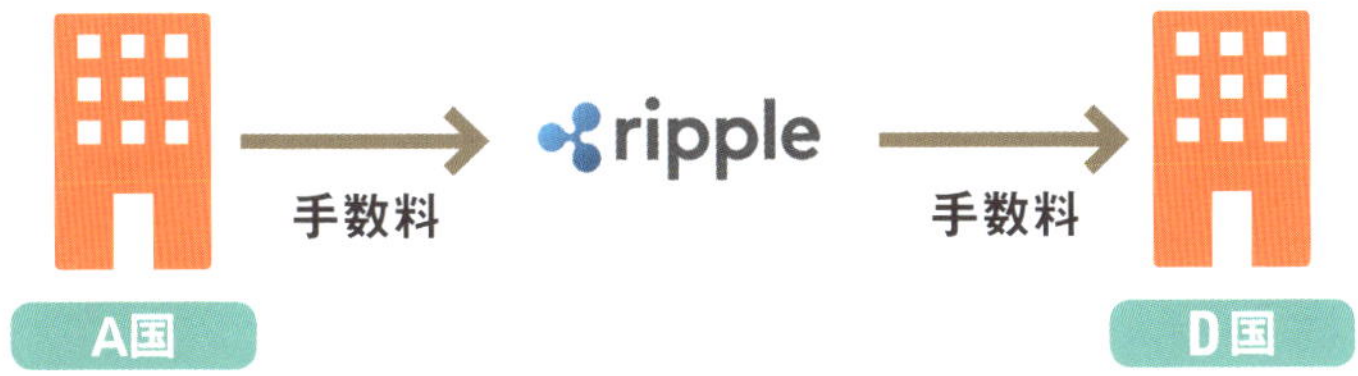

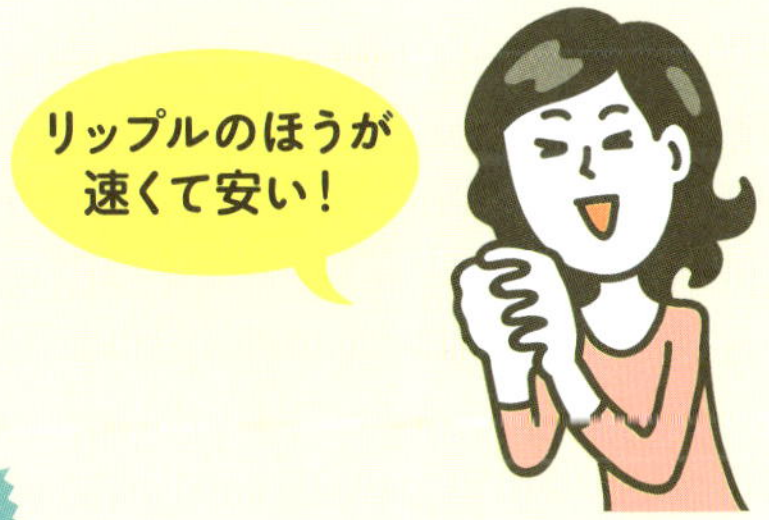

Point

金融機関向けのサービス「リップルネットワーク」は200社を超える企業が導入しているよ

06

世界最大級の仮想通貨取引所が発行した通貨ＢＮＢ

ＢＮＢとは、中国出身の趙長鵬が設立した、**世界最大級の取引所であるBinanceが発行するＩＣＯ（本章8項）報酬に対する仮想通貨**です。

主な使い道としては、Binance内での取引手数料の支払い、Binanceへの新規上場を希望するコインへの投票などがあります。中でも、ＢＮＢを使えば取引手数料が半額になるというのは大きなメリットの1つです（取引手数料の割引率はずっと半額ではなく、年々減少していく予定です）。

ＩＣＯ当初は2億枚発行されましたが、四半期ごとにこの総発行枚数は減っていきます。というのも、Binanceは「四半期ごとに、取引所運営で生じた利益の20％で市場に流通するＢＮＢを買い戻し、破棄する」と公表しているのです。最終的に1億枚まで減らされる予定です。このように需要と供給のバランスをコントロールしていくようです。

Binance自体の成長とリンクしている!?

ＢＮＢの価値はBinanceとリンクしています。つまりBinanceがどんどん成長するにつれてＢＮＢの価値も上がっていくというわけです。

具体的には、図内の「ＢＮＢの注意点」のような関係が考えられます。実際、**Binanceは2017年7月の設立から半年足らずで取引高世界一まで上り詰めた近年で一番勢いのある取引所なので、ＢＮＢの将来性は高い**と思われます。

Binance自体への規制で価格が変動する可能性も

基本的には、Binanceはマルタに本拠地があるため、**中国本土の規制**

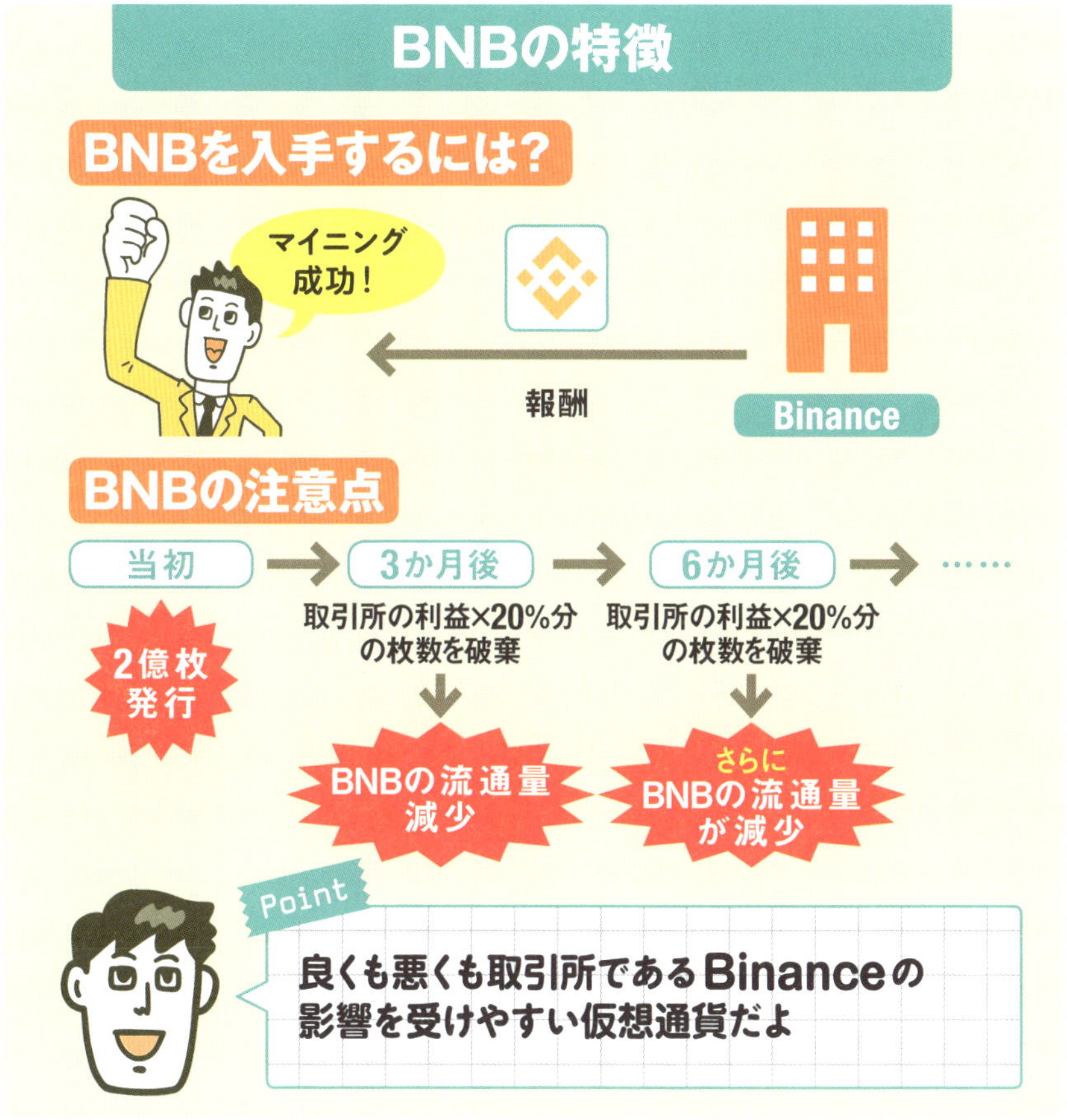

を直接受けることはありません。しかし、あまりにも中国内で仮想通貨規制の動きが強まると、もしかすると政治的圧力などによって閉鎖なども起こり得るかもしれません。このようなケースでは、BNBは完全に価値を失ってしまうでしょう。実際、中国の規制の影響を受けるという噂が流れた際に、他の通貨に比べてBNBは大暴落しました。また、流出事件のようなBinanceに不祥事があった場合にBNBの価値も暴落してしまうことが予想されます。万が一のことが起こらなければBinanceと一緒にBNBも順調に成長していくでしょう。ただし、2018年3月には、金融庁から警告を受けました。Binanceを取り巻く環境はめまぐるしく変化しています。

07

元リクルート社員が手掛けるALIS（アリス）

ALISとは、広告の多い記事などの**悪質な記事を排除し、質の高い記事を人々が生み出し、発見することを可能にした、ブロックチェーン技術を使った日本発の分散型ソーシャルメディアプラットフォーム**です＊。ステルスマーケティングのような記事や詐欺サイトが検索上位にくる状況を変えようと作られました。

また、世界的に見て加熱しているICOが日本ではほぼ利用者がいないため、日本のICOに危機感を感じたというのも開発のきっかけになっています（ICOについては後述）。

「いいね」という機能があるのが特徴です。記事作成者は、多くの「いいね」と、信頼度の高いユーザーに「いいね」をもらうと、より多くのALIS通貨をもらえるという仕組みです。

ALISの運営はこれをコンテンツマイニングと呼んでいます。また、記事を「いいね」する側も、「いいね」が多くつきそうな記事をいち早く「いいね」することで仮想通貨がもらえます。

ユーザー信頼度は、

ユーザー信頼度スコア＝ALIS保有数×ALIS保有期間とサービス利用頻度×自分の投稿に対する「いいね」数×他者の投稿への「いいね」数

によって決まります。

ここでも他者の投稿への「いいね」は、より早く「いいね」した人ほど信頼ポイントを多く獲得できます。「いいね」をした最初の20％の人が、獲得信頼ポイントの80％を獲得します。

ALISのマネタイズ

これだと運営はユーザーにお金を

＊このように仮想通貨の技術を利用して個人や企業により発行された仮想通貨はトークンと呼ばれる

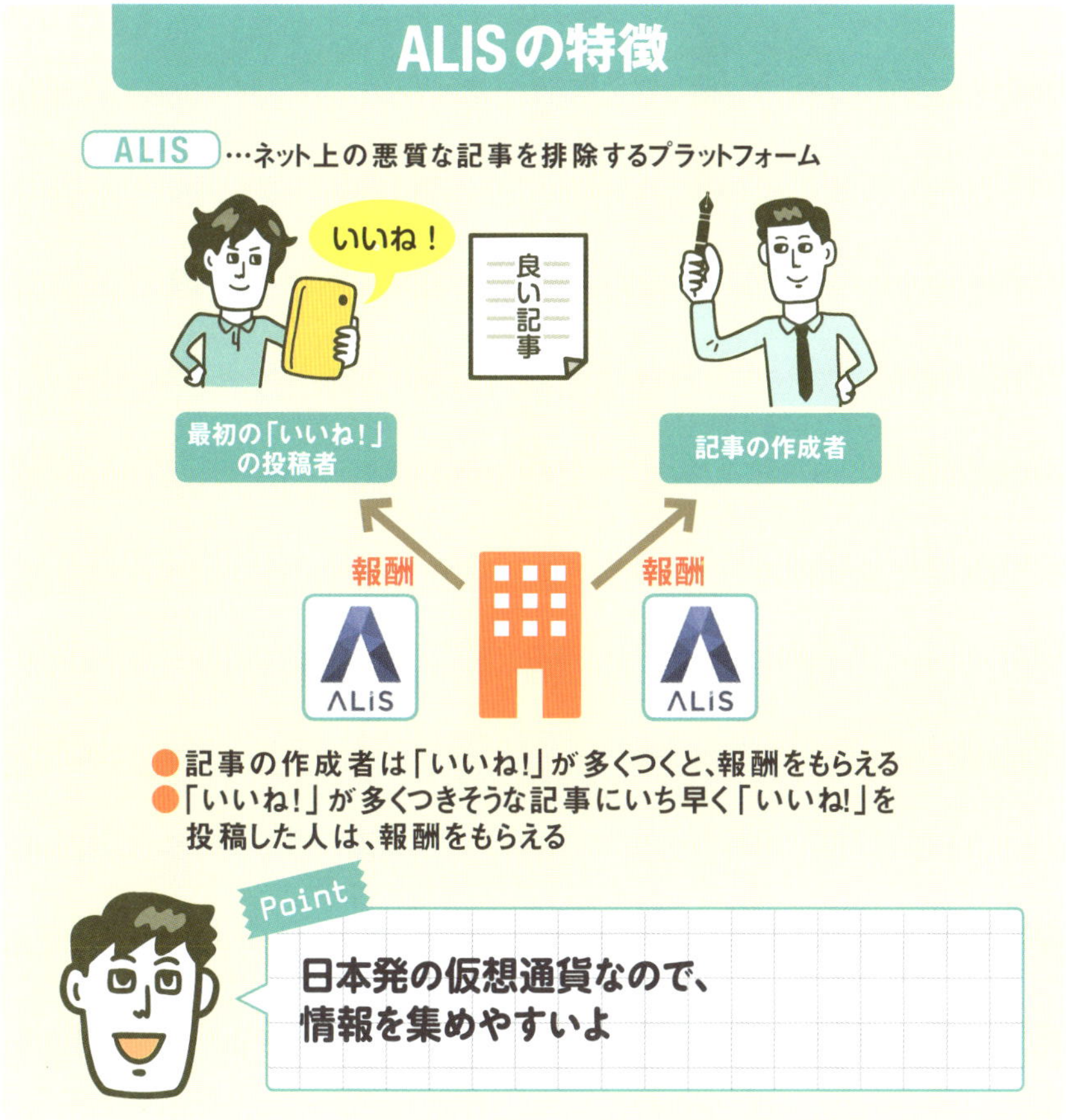
ALISの特徴
ALIS …ネット上の悪質な記事を排除するプラットフォーム
いいね！
良い記事
最初の「いいね！」の投稿者
記事の作成者
報酬
報酬
ALiS
ALiS
●記事の作成者は「いいね!」が多くつくと、報酬をもらえる
●「いいね!」が多くつきそうな記事にいち早く「いいね!」を投稿した人は、報酬をもらえる
Point
日本発の仮想通貨なので、情報を集めやすいよ

払っているだけで、どこから事業利益を出してるの？　という話ですが、ＡＬＩＳが流行れば、ＡＬＩＳ通貨の流通量と利用者が増えます。そのため市場原理的にＡＬＩＳ通貨の価値が上がり、運営はその**値上がりしたＡＬＩＳ通貨を市場に放出することで収益を上げています**。

そのためのプロセスとして、まずはニッチな部分でのマーケットシェアを確立し（仮想通貨や漫画、アニメなど）、口コミサイト（食べログのような）へ拡大して、信頼を築いていく、というロードマップを敷いています。

数少ない日本発のＩＣＯで、２０２０年７月現在はベータ版のリリースを終え、開発も進んでいますが、取引は一時停止しています。

08

ICOに参加すれば一攫千金を狙える？

ICOとは？

ICO（Initial Coin Offering）は、これから新しいプロジェクトを立ち上げる企業やチームが、**仮想通貨を自分たちで発行して、それを売ることで資金を入手するという新しい資金調達の方法**です。

2017年は非常にブームになり、1か月で100以上ものプロジェクトがICOを行っていました。

新規事業の資金調達方法には、オンライン上でプロジェクトを公開してお金を集めるクラウドファンディングや新規上場株式（IPO）などがありますが、企業にとってクラウドファンディングはお金が集まりづらかったり、IPOに関しては審査が非常に厳重で手続きが大変だったりするという側面があります。

それに比べてICOは自ら作ったコインを販売して購入してもらえば良いだけなので資金調達のハードルが非常に低いのです。

ICOに参加するメリットとデメリットとは？

通常、ベンチャー企業に投資する際は、ベンチャーキャピタルを通して株式を購入し、事業が成功した後に株を売却することで利益を上げるという流れが一般的です。

しかし、ICOはその企業が発行したコインを直接買うことができ、そのコインを使って製品やサービスを購入することや、プロジェクト成功後に売却して利益を出すことができます。投資額も10万円以下で参加することが可能なので、個人投資家としては気軽にベンチャー企業への投資ができるというメリットがあります。

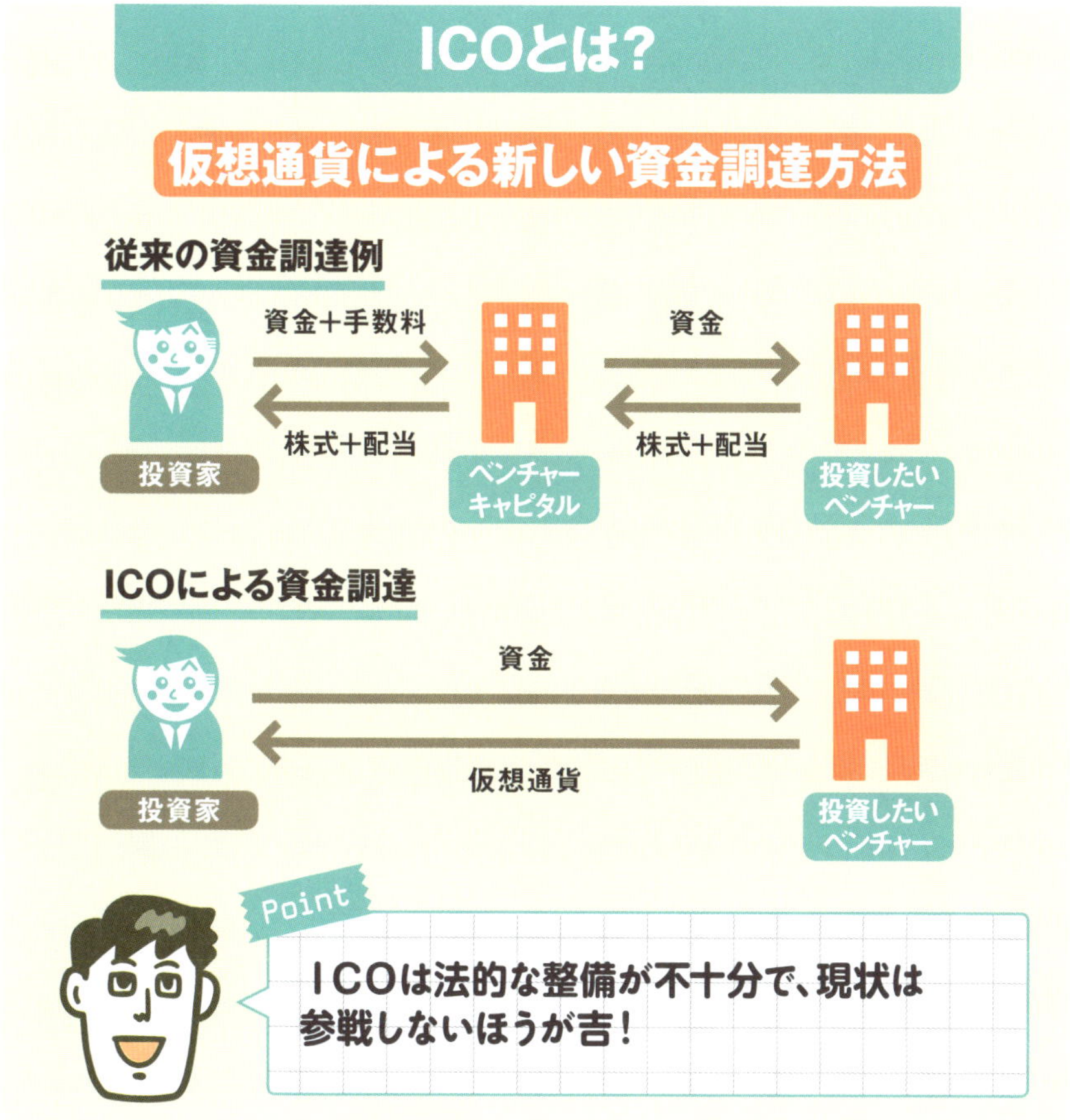

反対にＩＣＯに参加するリスクもあります。仮想通貨はまだ法的な整備が整っておらず、投資したプロジェクトが完成する前に開発の中断や停止が発表されたり、集めたお金を持って企業が消えてしまったりする可能性があります。実際、２０１７年にＩＣＯによって生まれた仮想通貨の価格のほとんどが大きく下落しました。

そのため、私としてはＩＣＯで一攫千金を狙うのは難しいと考えており、オススメしていません。

ただ、資金調達方法としては可能性があるのも事実です。今後、政府や取引所などの協力によってルールが着実に作られていけば、参加してみても良いかもしれませんね。

09

最速で稼ぐには仮想通貨ＦＸ

原資が少ない方はチャレンジしてみる価値がある

仮想通貨の投資において一番早く儲かる方法は仮想通貨ＦＸです。大前提として仮想通貨の値動きは非常に激しく、ハイリスクハイリターンであるということを忘れてはいけません。

例えば、仮想通貨投資に最初に使えるお金が１０００万円あるという方は、このようなハイリスクなトレードをする必要はありません。ビットコインを買って長期的に持っておくだけ、もしくはコインも買って資産を分散するなどしておいても、もともと投資できるお金が大きいですから、10倍になれば1億円になるわけです。

しかし、最初に使えるお金が10万円という方が10倍になる通貨を当てたとしても、１００万円にしかなりません。その中で大きく稼ぎたい早く稼ぎたいと考えるのであれば、やはりレバレッジをかけて取引する仮想通貨ＦＸは必須になります。

仮想通貨は株の値動きなどに比べると1日で50％以上価格が伸びたり突然3倍になったりということも多くありますが、必ずその通貨を当て続けることができるかと言うと難しい問題になってきます。

1日で1000万円勝つ人も！

その反面、仮想通貨ＦＸは、１つの仮想通貨だけの値動きを見てトレードするわけですから、**レバレッジの倍率によっては毎日１００万円以上勝ち続けることも可能です**。実際にビットコインの値動きが激しいときに上手くトレードをすると、１日で１０００万円以上勝つ人もいます。このように毎日１００万円以上

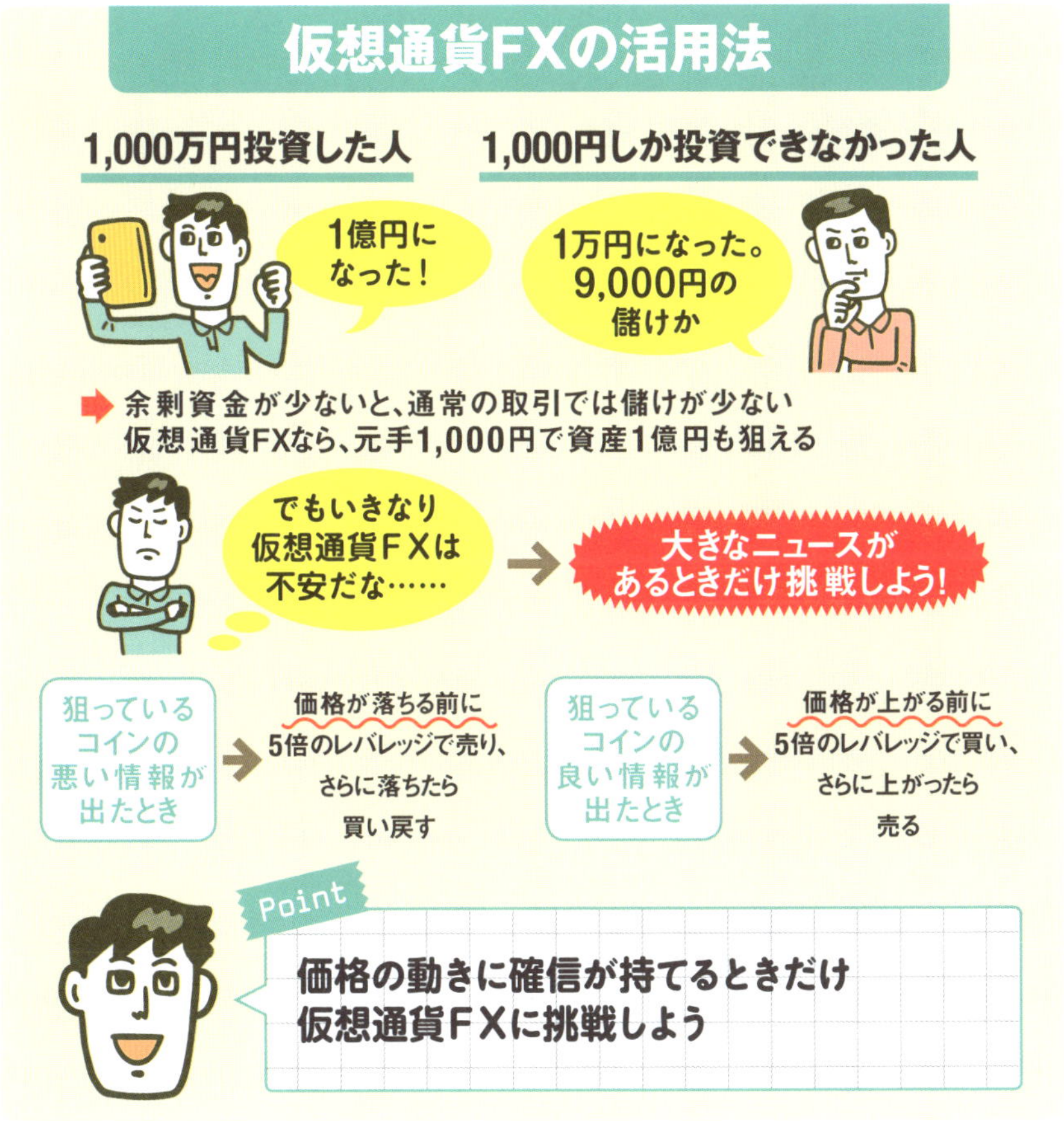
仮想通貨FXの活用法
1,000万円投資した人
1億円になった！
1,000円しか投資できなかった人
1万円になった。9,000円の儲けか
余剰資金が少ないと、通常の取引では儲けが少ない
仮想通貨FXなら、元手1,000円で資産1億円も狙える
でもいきなり仮想通貨FXは不安だな……
大きなニュースがあるときだけ挑戦しよう！
狙っているコインの悪い情報が出たとき
価格が落ちる前に5倍のレバレッジで売り、さらに落ちたら買い戻す
狙っているコインの良い情報が出たとき
価格が上がる前に5倍のレバレッジで買い、さらに上がったら売る
Point
価格の動きに確信が持てるときだけ仮想通貨FXに挑戦しよう

勝ち続けるというのは正直誰もができるわけではありませんが、ビットコインFXにはそれだけ短期的に稼げるチャンスがあるということです。

FX投資に向いている人とは？

同時に、100万円以上1日で負けるということもあるということを必ず頭に置いておかなければなりません。上手く勝ちはじめると、徐々に調子に乗ってどんどんレバレッジの倍率を上げ、大きな金額をかけた結果、せっかくコツコツと勝ち続けてきて積み上げた利益がたった1回のトレードで全くなくなってしまうということもあります。

この点を考えてもなお、自分は短期的に稼ぎたいんだと言う方は、仮想通貨FXに挑戦してみてください。

10 安定して稼ぐにはインデックス投資

仮想通貨の値動きは株式などと違い、ストップ高ストップ安という値動きの上限下限がありません。その中でも安定的に利益を出していきたいと考えているのであればインデックス投資が一番オススメです。前項で紹介したビットコインFXが資産を短期的に増幅させる手段なら、**インデックス投資は長期的な目線で資産を増幅させていく手法です**。

仮想通貨市場は現在ものすごい速度で成長しています。ですから通貨を買っておくだけでも翌日には20%から30%以上の値上がりをしているということも多々あり、短期的な売買を無理にしなくても、放置しているだけで十分な利益を出すこと（スキャルピングデイトレード）が可能になっています。特に最初に元手を多く準備できるという方は、3つから5つの銘柄にその資産を分散し、1週間から1か月単位で保有しておくだけのほうが、短期的な取引よりも利益を出すことができるケースもあります。また、短期で何度も投資をしないので、慣れないうちで実力がなくても結果に依存しないといったメリットもあります。

インデックス投資はサラリーマンに向いている

仕事が忙しくてなかなか追加の情報を追うことができなかったり、取引に使う時間がないという方も非常に多いと思います。そういった方にもインデックス投資がオススメです。

投資をはじめる前にしっかりとリサーチをした上で銘柄を選んでおけば、よほどのことがない限り、損をすることも少なくなるでしょう。後は仕事が休みの日にでも、保有している仮想通貨の情報を追い、ポートフォリオを組み直すということを怠

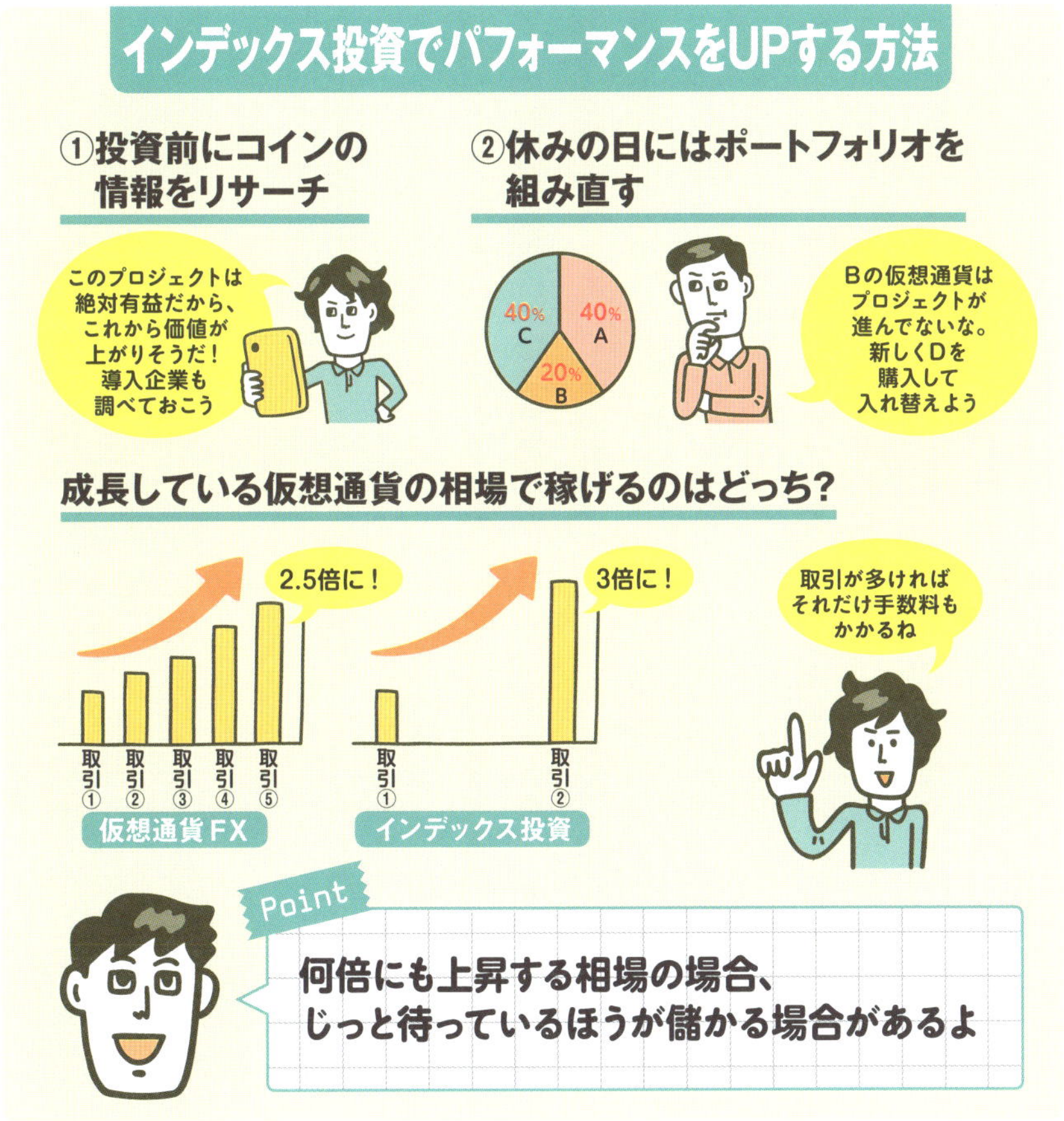

らなければ、短期トレードよりも十二分に良いパフォーマンスを出すことができます。

仮想通貨投資をはじめた当時の私は、短期トレードで10％の値幅を取って少しずつ資産を増やしていました。しかし、その短期トレードをしていた期間の仮想通貨市場の成長が3倍だったのに対し、私が増やせた資産は2・5倍となってしまいました。つまり、市場成長の倍率よりも短期トレードのパフォーマンスのほうが少ない利幅という結果になってしまったということです。

このように、**著しく成長している市場においては、必ずしも無理に短期トレードをすることが良い選択肢になるとは限らないのです。**

11 海外の取引所を使って、稼ぐチャンスUP！

国内よりも海外のほうが通貨の取扱い数が多い

トレードに慣れてきたら、海外の取引所を使って取引をするのも有効です。**国内の取引所では、金融庁の認可を必要とするために少数の仮想通貨のみが取り扱われている**というのも実情です。

もちろん、国内の取引所だけで利益を出すことも十分可能ですが、まだまだ知られていない仮想通貨などで、将来性があるものに手を出そうとしたときは、海外取引所に登録することになります。

英語がわからなくても大丈夫！

その場合、「英語なのに取引できるだろうか?」とか「危険なんじゃないの?」と思うこともあるかと思います。ただ、海外の取引所でも、時価総額がトップ5に入っているような取引所は、国内の主要な取引所以上にセキュリティに資金を投下しています。また、日本語対応していたり、日本人がネットに使い方の記事などを掲載していたりするので、大手の海外取引所では安心して取引ができます。

この取引所が一番良い！ といったものを挙げることはなかなか難しいのですが、日本人のユーザーが多い海外取引所としては、Binanceが挙げられます。それ以外にも、多くの新しい通貨を取り扱い、人気を博している取引所として、FTXがあります。これらの取引所はユーザーや取引額も多いので、他のマイナーな仮想通貨取引所に比べると安心感も高いと思います。ただし、金融庁の認可が正式におりているわけではないので、一定のリスクも考えながら取り扱いましょう。

海外取引所のメリット

国内よりも海外の取引所のほうが、取り扱うコインの種類が多い

Aコインを
すぐ買いたい！

海外取引所での取引のはじめ方

①海外取引所で他の仮想通貨と取引できる仮想通貨を確認する

例えばイーサなら、「通貨名／ETH」といった表記があるかどうか確認しよう

↓

②国内取引所で仮想通貨を購入する

どこの取引所でも扱っているビットコインか、（①で確認してOKであれば）送金スピードの速いイーサ（ETH）を購入するのがオススメ

↓

③送金先の取引所のアドレスを確認する

送りたい通貨のアドレスを海外取引所で確認し、国内取引所に入力して海外取引所へ送金しよう

オススメの海外取引所

取引所名	URL
Binance	https://www.binance.com/en
FTX	https://ftx.com/#a=2982026
CoinExchange	https://www.coinexchange.io/

Point

セキュリティが不安な取引所も数多くあるので、見極めて口座開設しよう

12 マイニングで仮想通貨がもらえる？

前述の通り、マイニングは、取引を承認する際に行われる膨大な計算力を必要とする作業です。おそらく、「仮想通貨で計算……？」と何のことやらさっぱりですよね。

マイニングをする人たち（マイナー）は、「AさんからBさんにいくらのビットコインを送りました」というデータが正しいかどうかをまず検証します。正しいと認められたデータを書き換えられないようにしていくのがマイニング作業です。一度マイニング作業が行われた取引は改ざんができなくなります。

マイニングって儲かるの？

マイニングは、世界中の人々が高性能なコンピューターを使って速さを競い合いながら行っています。マイナーは高性能なコンピューターを買うのにお金がかかり、それを稼働させるのに電気代もかかります。**マイニングの作業を成功させた人には、新しく発行した仮想通貨が報酬として支払われます。**仮想通貨が新規に発行されるのは、マイニング作業を成功させたときのみです。よって、仮想通貨の新規発行という大きな役割を果たしているわけです。日本円で言えば日本銀行と同じくらい重要な立ち位置です。ビットコインは発行上限枚数（2100万枚）が決まっているため、その上限まではマイニングできることになります。

仮想通貨で利益を出すにはマイニングという選択肢もありますが、**なかなか一般人が利益を出せるものではないので、私はオススメしません**（企業ですら損失を出しています）。ただし、マイニングは仮想通貨にとって重要な役割を持っているので投資前には理解しておきましょう。

マイニングの仕組み

マイニングとは?

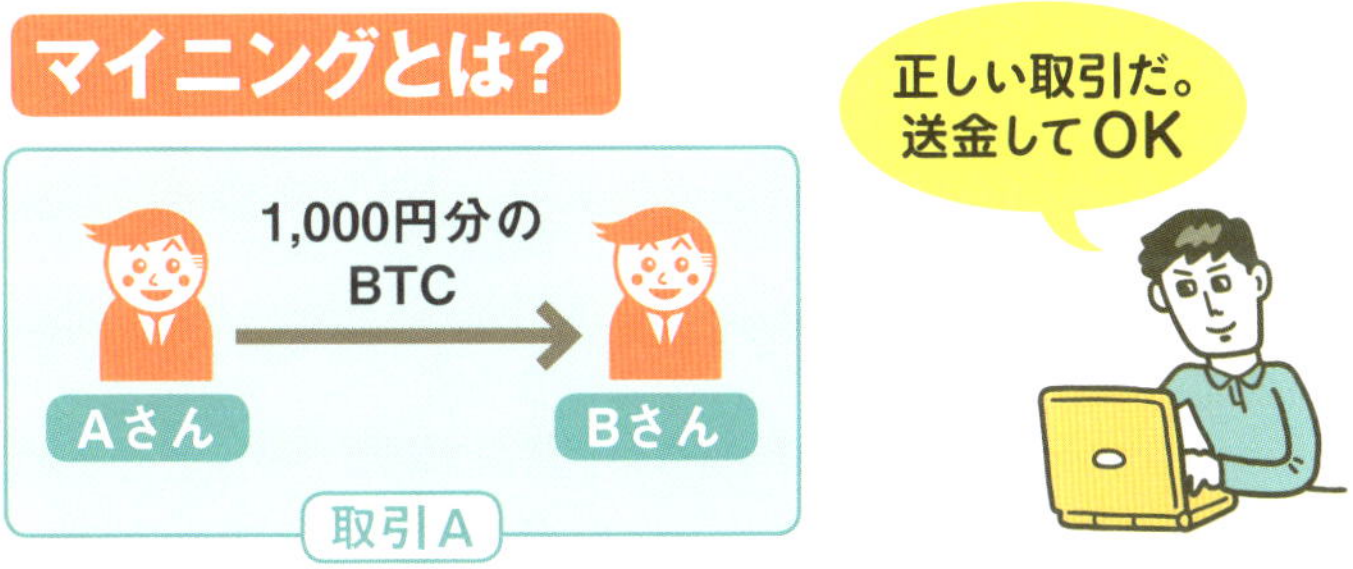

➡ マイナーには計算によって取引の正しさを証明し、承認する役割がある

マイニングの報酬

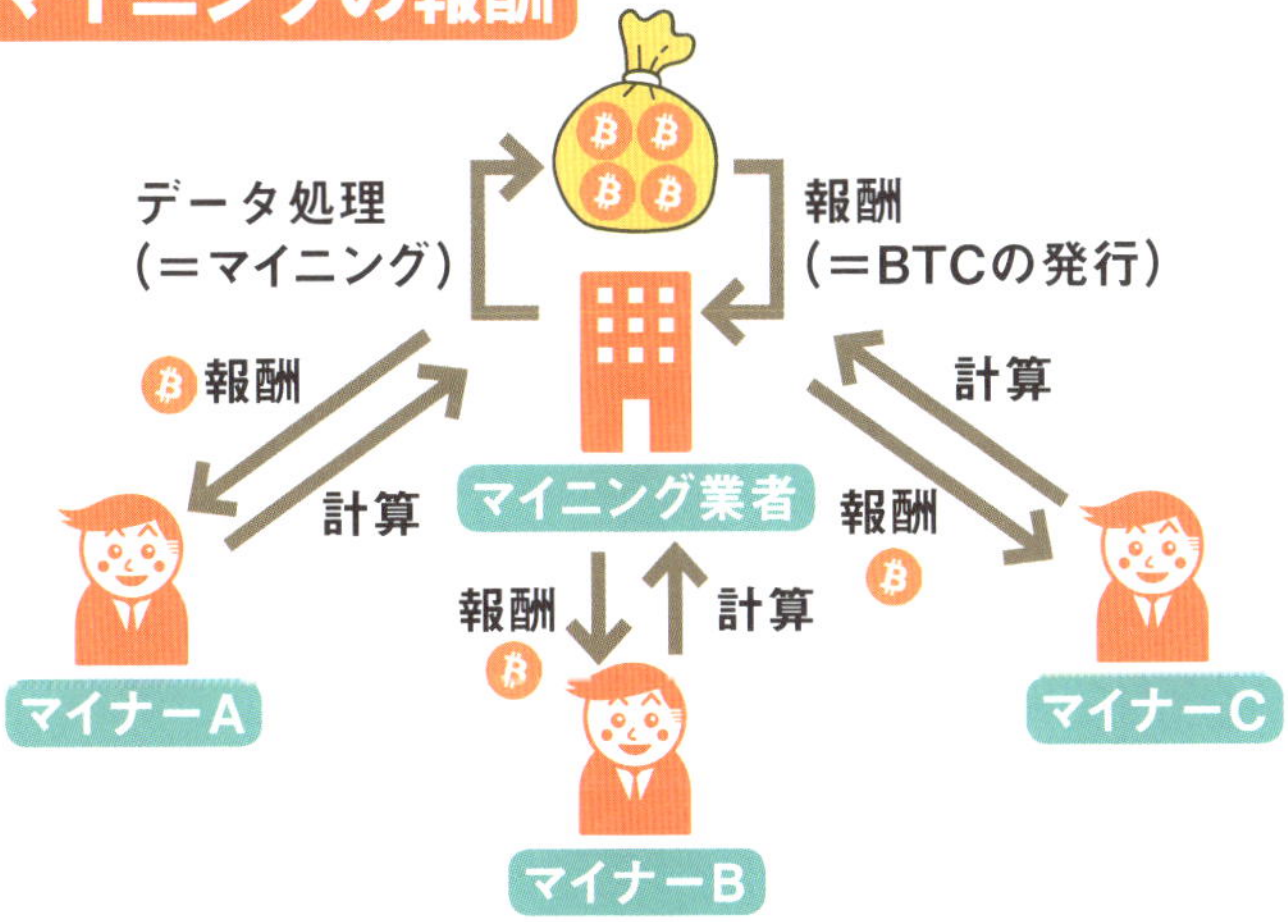

➡ 基本的にマイニングでしか仮想通貨は発行されない

Point

マイニングは仕組みを理解できればOKと考えよう

索引

おわりに

ここまで読んでくださった皆さん、誠にありがとうございました。この本を通して、仮想通貨やＦＸに対して興味や親しみを持っていただけましたでしょうか？

CoinOtaku編集部は、seiyaさんの著書の監修という立場で参加させていただきました。仮想通貨とは何なのか、今後どのように盛り上がっていくのかといったところからＦＸでの具体的な勝ち方までseiyaさんの考察が盛りだくさんです。ぜひ何度も読み返していただいて、実際のトレードに役立てていただけると幸いです。

本書を書くことが決まってから実際に出版されるまでの間に、仮想通貨市場は大きく変動してきました。相場は刻一刻と変化していきますが、勝っているトレーダーは勝ち続けているし、負けているトレーダーはすぐに資金を失っていくのが世の常です。市場が高騰も暴落も経験していく中で、正しい知識を持って投資に臨むことの重要性はますます大きくなっているように思います。

そのような中で、本書に書いてあることを取り入れつつ、着実に利益を出していけるようになる方が１人でも増えることを願っています。

仮想通貨市場はまだまだ発展途上で、今後どのようになるかわからないのが実情です。今後の考察や新しい仮想通貨の紹介などについては、ぜひｓｅｉｙａさんのYouTubeとTwitterでの発信や、CoinOtakuの記事をご覧いただけると幸いです。市場動向に合わせて、最新の情報を提供していきます。

２０１９年1月　（株）CoinOtaku　下山明彦

本書内容に関するお問い合わせについて

このたびは翔泳社の書籍をお買い上げいただき、誠にありがとうございます。弊社では、読者の皆様からのお問い合わせに適切に対応させていただくため、以下のガイドラインへのご協力をお願い致しております。下記項目をお読みいただき、手順に従ってお問い合わせください。

●ご質問される前に

弊社Webサイトの「正誤表」をご参照ください。これまでに判明した正誤や追加情報を掲載しています。

正誤表　https://www.shoeisha.co.jp/book/errata/

●ご質問方法

弊社Webサイトの「刊行物Q&A」をご利用ください。

刊行物Q&A　https://www.shoeisha.co.jp/book/qa/

インターネットをご利用でない場合は、FAXまたは郵便にて、下記"翔泳社 愛読者サービスセンター"までお問い合わせください。電話でのご質問は、お受けしておりません。

●回答について

回答は、ご質問いただいた手段によってご返事申し上げます。ご質問の内容によっては、回答に数日ないしはそれ以上の期間を要する場合があります。

●ご質問に際してのご注意

本書の対象を越えるもの、記述個所を特定されないもの、また読者固有の環境に起因するご質問等にはお答えできませんので、予めご了承ください。

●郵便物送付先およびFAX番号

送付先住所 〒160-0006　東京都新宿区舟町5
FAX番号 03-5362-3818
宛先（株）翔泳社 愛読者サービスセンター

著者

seiya（セイヤ）

大学を中退し、ハウスメーカーの営業に就職。働きながらできる投資を探している際に、仮想通貨に出会う。2017年5月に仮想通貨投資にはじめて挑戦。これまで、株式投資やFXの経験は一切なかったにもかかわらず、元手10万円を100万円に増やすことに成功し、仮想通貨投資に熱中する。仮想通貨投資の始め方や中級者になるまでの独自のトレード手法についてのブログ「いますぐ始める仮想通貨投資」を開設したところ、ブログ開始3か月で月間10万PV数を達成。
現在は会社を退職し、WEBメディアのコンサルティングや新たに雑記ブログの執筆を行っている。
[YouTubeチャンネル］ヒトデせいやチャンネル
https://www.youtube.com/channel/UCQAJlnmzIQGhDmjiSx8FH4Q
[Twitterアカウント］せいや(seiya)@S_FIRE27　https://twitter.com/S_FIRE27

監修者

（株）CoinOtaku（コインオタク）

30人の東大生編集部が運営する仮想通貨メディア。

1年で、月間PV数が160万を超え、「仮想通貨　おすすめ」などのビッグキーワードで検索1位を獲得など、スピーディーに実績を出し続け、日本を代表する仮想通貨メディアとなっている。

[CoinOtakuホームページ］https://coinotaku.com/

下山明彦（しもやま・あきひこ）

（株）CoinOtaku　COO/投資分析部門チーフ
東京大学に入学後、学費や生活費を賄うために独学で投資を始める。
投資を始めて1年で、Bloombergが主催する投資コンテストで日本一の運用益を達成する。投資対象としては仮想通貨に強く、仮想通貨市場の今後の成長に寄与できればと考えてCoinOtakuを創業し、投資分析部門のチーフとして日々相場分析を行っている。

STAFF

カバーデザイン	河南祐介（株式会社FANTAGRAPH）
本文デザイン	五味聡（株式会社FANTAGRAPH）
カバー/本文イラスト	今井ヨージ
本文DTP	BUCH⁺

超ど素人がはじめる仮想通貨投資

2019年 2 月21日　初版第1刷発行
2022年 3 月 5 日　初版第6刷発行

著者	seiya
監修	（株）CoinOtaku
発行人	佐々木幹夫
発行所	株式会社翔泳社（https://www.shoeisha.co.jp/）
印刷・製本	株式会社シナノ

ISBN978-4-7981-5637-8　Printed in Japan